CAHIERS

▶ n° 156 / 1ᵉʳ trimestre 2019

PHILOSOPHIQUES

CAHIERS PHILOSOPHIQUES
est une publication de la Librairie Philosophique J. Vrin
6, place de la Sorbonne
75005 Paris
www.vrin.fr
contact@vrin.fr

Directeur de la publication
DENIS ARNAUD

Rédactrice en chef
NATHALIE CHOUCHAN

Comité scientifique
BARBARA CASSIN
ANNE FAGOT-LARGEAULT
FRANCINE MARKOVITS
PIERRE-FRANÇOIS MOREAU
JEAN-LOUIS POIRIER

Comité de rédaction
ALIÈNOR BERTRAND
LAURE BORDONABA
MICHEL BOURDEAU
JEAN-MARIE CHEVALIER
MICHÈLE COHEN-HALIMI
BARBARA DE NEGRONI
STÉPHANE MARCHAND

Sites internet
www.vrin.fr/cahiersphilosophiques.htm
http://cahiersphilosophiques.hypotheses.org
www.cairn.info/revue-cahiers-philosophiques.htm

Suivi éditorial
MARGOT HOLVOET

Abonnements
FRÉDÉRIC MENDES
Tél. : 01 43 54 03 47 – Fax : 01 43 54 48 18
fmendes@vrin.fr

Vente aux libraires
Tél. : 01 43 54 03 10
comptoir@vrin.fr

La revue reçoit et examine tous les articles, y compris ceux qui sont sans lien avec les thèmes retenus pour les dossiers. Ils peuvent être adressés à : cahiersphilosophiques@vrin.fr. Le calibrage d'un article est de 45 000 caractères, précédé d'un résumé de 700 caractères, espaces comprises.

Les textes de Walter Benjamin reproduits dans la rubrique Introuvables sont initialement parus dans *Œuvres et Inédits*, t. 13 : *Critiques et recensions*, trad. fr. M. Dautrey, P. Ivernel et M. Métayer, Paris, Klincksieck, 2018 et E. Wizisla, *Walter Benjamin et Bertolt Brecht. Histoire d'une amitié*, Paris, Klincksieck, 2015.
© Éditions Klincksieck, Paris (2018)

ISSN 0241-2799
ISSN numérique : 2264-2641
ISBN 978-2-7116-6007-0
Dépôt légal : mars 2019
© Librairie Philosophique J. Vrin, 2019

SOMMAIRE

■ ÉDITORIAL

■ DOSSIER
WALTER BENJAMIN CRITIQUE

9 **À Philippe Ivernel**

11 **Walter Benjamin critique : présentation**
Jacques-Olivier Bégot, Antonia Birnbaum
Andrés Goldberg, Michel Métayer

17 **Extension du concept d'ironie
à l'ironie objective**
Antonia Birnbaum

31 **La pile Wonder ne s'use que si l'on s'en sert**
Michel Métayer

41 **Une critique « exemplaire » :
Les *Affinités électives* de Walter Benjamin**
Jacques-Olivier Bégot

59 **Morceaux du réel. Le concept de critique,
de l'*Origine du drame baroque allemand*
à *Sens unique***
Andrés Goldberg

■ LES INTROUVABLES DES CAHIERS

79 **Walter Benjamin : quelques textes**

■ SITUATIONS

99 **Actualité critique de Benjamin**
par Philippe Ivernel

■ PARUTIONS

107 **Laurent Fedi,
*Kant, une passion française 1795-1940***

ÉDITORIAL

« Sur le chemin des écrivains essayant de rendre compte de l'existence et des conditions de vie des prolétaires, se sont dressés des préjugés qu'il n'a pas été possible de vaincre en un jour. L'un des plus tenaces voyait dans le prolétaire l'"homme simple du peuple", contrastant avec le membre d'une couche supérieure non pas tant cultivé que différencié ». Ainsi débute la recension par Benjamin [1] du roman d'Anna Seghers *Le Sauvetage* qui se déroule dans un village minier de Haute-Silésie confronté à la fermeture de la fosse, dans un temps qui voit émerger le national-socialisme. La lecture de Benjamin expose la manière dont l'ouvrage de Seghers, par la finesse de son récit, déjoue les préjugés. Le livre est comparé à un « système de racines » : « Quand l'auteure le soulève d'une main délicate, l'humus des relations privées adhère à lui – relations de voisinage, érotiques, familiales ». La situation politique est ainsi abordée « précautionneusement ». « La voix de la narratrice » ne démissionne toutefois pas : le livre est « fort éloigné du prompt reportage qui ne demande pas beaucoup à qui vraiment il s'adresse. Il est tout aussi éloigné du roman qui au fond ne pense qu'au lecteur [...]. Beaucoup d'histoires sont dispersées dans le livre où elles attendent l'auditeur ».

Un aperçu aigu et vif de la pratique de la *critique* au plus près de la « teneur de vérité » d'une œuvre singulière nous est ici offert par Benjamin. Une œuvre n'est pas un document historique et n'a pas vocation à le devenir. La relation à l'histoire – la défaite de la révolution en Allemagne – s'expose à travers la transformation de la forme même du roman.

Si Benjamin n'a jamais achevé la rédaction d'un essai consacré à la *critique*, elle n'en est pas moins une des préoccupations constantes de son travail philosophique et un fil de lecture de son œuvre. Par strates et essais successifs se dégage un concept de *critique* articulé à de nouveaux modèles et de nouvelles pratiques qui ont pour ambition de saisir la vérité des œuvres. La critique restera « laide et stérile » tant qu'elle s'abandonnera à la « pulsion lubrique » de la recherche du « grand tout » au détriment de l'amour de la chose qui s'en tient à « l'unicité radicale de l'œuvre d'art » [2].

Dès 1921, Benjamin dispose d'un concept de critique, au rebours d'une approche esthétique qui associe la libre réflexivité du sujet à une construction ontologique de l'art et qui identifie l'art à une manifestation phénoménale de vérité [3]. Ce concept d'une critique ouverte à la dimension cognitive et historique de l'art doit beaucoup au romantisme de Friedrich Schlegel et de Novalis avec lequel Benjamin entretient une relation ambivalente.

Les théories esthétiques des premiers romantiques et de Goethe sont opposées dans leurs principes. Les premiers ont cherché à démontrer que

1. W. Benjamin, « Le Sauvetage », *infra*, p. 94.
2. W. Benjamin, « L'œuvre d'art verbale », *infra*, p. 80.
3. A. Birnbaum, « Extension du concept d'ironie à l'ironie objective », *infra*, p. 17.

par principe l'œuvre est critiquable, là où la théorie goethéenne de l'art est animée par l'intuition du caractère non critiquable des œuvres. Cette opposition entre Goethe et les romantiques est présentée notamment dans l'Appendice de sa thèse intitulée *Le concept de critique esthétique* [*Kunstkritik*[4]] *dans le romantisme allemand.* Elle constitue une sorte de creuset théorique permettant d'éviter le dogmatisme des critères académiques de la critique aussi bien qu'une tolérance sceptique déployant le culte de la créativité de l'artiste.

De la conception romantique de la critique Benjamin retient l'objectivité, le fait de ne pas instaurer de séparation entre la connaissance factuelle de l'œuvre et son évaluation subjective[5], de juger de l'œuvre à partir de critères immanents, non à partir de critères poétiques extérieurs ou de normes morales hors de propos. « Pour les romantiques, la critique est bien moins le jugement d'une œuvre que la méthode de son achèvement »[6].

C'est dans ce contexte que Benjamin consacre une longue étude aux *Affinités électives* de Goethe, étude qu'il qualifie d'« exemplaire » en cela qu'elle engage un processus de transformation de la critique afin de la constituer en « genre » véritable[7]. Il est nécessaire pour y parvenir de se dégager des questions devenues traditionnelles qui constituent autant d'obstacles sur la voie d'accès à une œuvre singulière. Écrire sur ce roman de Goethe c'est se confronter à l'une des réalisations les plus achevées du classicisme. C'est aussi être précédé par de nombreuses interprétations de cette œuvre qui s'affrontent en particulier sur le sujet de sa potentielle immoralité.

Pour Benjamin, « en aucun sens, le mariage ne peut constituer le centre du roman » et la question de sa moralité est insignifiante. « Le mythique est le contenu concret de ce livre : son sujet apparaît comme un jeu d'ombres mythique, dont les figures sont vêtues de costumes de l'époque goethéenne »[8]. L'insistance sur cette dimension de l'ouvrage ne constitue qu'une première strate de lecture. La « teneur de vérité » du roman vient aussi de ce qu'il est « un mythe tourné contre lui-même »[9].

Au-delà des questions subtiles d'exégèse, la relation de la critique à la philosophie se trouve ici engagée et le lien problématique entre vérité et beauté se trouve placé au cœur de la réflexion. Benjamin se concentre sur la figure d'Odile en laquelle il aperçoit une incarnation de la « belle apparence ». Son renoncement à la vie n'a rien d'une décision morale et ne peut se concevoir comme un moment tragique. Le philosophe propose une lecture allégorique de cet événement : le destin d'Odile donne à voir l'effondrement de la poétique classique dont l'idéal se situe dans la belle apparence. Le rôle de la critique consiste justement à mettre en évidence cette brèche au sein même de l'esthétique, brèche qui n'advient toutefois pas à l'insu de Goethe, « qui n'a jamais fait sa paix avec la "belle apparence" »[10].

▮ 4. A. Birnbaum dans les premières lignes de son article pose le problème de la traduction de ce terme, *infra*, p. 17.
▮ 5. A. Birnbaum, « Extension du concept d'ironie à l'ironie objective », *infra*, p. 22.
▮ 6. W. Benjamin, « Le concept de critique esthétique dans le romantisme allemand », cité par A. Birnbaum, *infra*, p. 21.
▮ 7. J.-O. Bégot, « Une critique "exemplaire" : *Les Affinités électives* de Walter Benjamin », *infra*, p. 41-57.
▮ 8. W. Benjamin, « Les *Affinités électives* de Goethe », cité par J.-O. Bégot, *infra*, p. 48.
▮ 9. *Ibid.*, p. 54.
▮ 10. W. Benjamin, « Goethe », cité par J.-O. Bégot, *infra*, p. 55.

Benjamin emprunte alors à Hölderlin le motif de la *césure* pour penser un suspens, un point de bascule au sein de l'œuvre. « En interrompant d'un mot impératif une femme en train de recourir à des faux-fuyants, on peut lui arracher la vérité à l'instant même où elle s'interrompt ; ainsi, l'inexpressif force l'harmonie frémissante à suspendre son vol et, par cette protestation, en éternise le tremblement »[11]. « L'inexpressif », poursuit-il, est cette « puissance critique » qui, au sein de l'art, peut empêcher que l'apparence et l'essence ne se confondent.

En même temps que son étude sur *Les Affinités électives*, Benjamin travaille à l'écriture d'un autre texte majeur, « La tâche du traducteur ». Malgré leurs différences quant au mode opératoire, *traduisibilité* et *critiquabilité* de l'œuvre sont deux notions qui s'éclairent l'une l'autre, par leur lien avec une même dimension de l'original[12]. Benjamin compare l'œuvre à un fruit ; chair et peau y sont indissociables car les deux croissent ensemble. L'original a teneur et forme. La traduction est pour l'œuvre un « stade de vie-continuée – *Fortleben* – »[13]. Il n'existe pas d'œuvre sans *traduisibilité*, quelle que soit la résistance que le texte offre à la traduction. Cela relève des capacités intrinsèques de l'œuvre auxquelles la critique se confronte également.

La parution concomitante en 1928 de l'*Origine du drame baroque allemand* et de *Sens unique* constitue une nouvelle étape et une nouvelle strate dans l'élaboration du concept de *critique*[14]. Ces deux ouvrages diffèrent l'un de l'autre à commencer par leur forme même. Le premier, version remaniée de sa thèse d'habilitation, confère à l'allégorie une place centrale dans la théorie de l'art ; le deuxième prend la forme d'une revue qui associe textes courts et images et use librement des ressources de la mise en pages.

Le concept de critique est remanié dans une prise de distance avec le romantisme, pour devenir une « mortification des œuvres » au sens d'une action qui intervient dans le réel de l'œuvre et produit ainsi de nouveaux agencements inattendus. L'attention portée au baroque confère de l'importance de nouveaux objets, de nouvelles formes : la ruine, le fragment et autres réalités « mineures » qui ne peuvent donner lieu à une synthèse, qui ne sont pas davantage l'expression d'une transcendance invisible.

« N'achève l'œuvre que ce qui la brise, pour faire d'elle une œuvre morcelée, un fragment du vrai monde, le débris d'un symbole », écrivait déjà Benjamin à la fin de l'étude sur *Les Affinités électives* au moment de caractériser la notion d'*inexpressif* et de souligner sa puissance critique. Il fait un pas supplémentaire puisque ce sont aussi bien les matériaux, que la technique, ou le rapport de l'œuvre à l'histoire qui constituent « la vérité profane » objet même de la critique. Il revient à la critique philosophique de montrer que la fonction de la forme artistique est de « faire de contenus

---

■ 11. W. Benjamin, « *Les Affinités électives* de Goethe » dans *Œuvres*, trad. fr. M. de Gandillac, R. Rochlitz et P. Rusch, Paris, Gallimard, 2000, t. I, p. 363.
■ 12. M. Métayer, « La pile Wonder ne s'use que si l'on s'en sert », *infra*, p. 33.
■ 13. *Ibid.*, p. 33-34.
■ 14. A. Goldberg, « Morceaux du réel. Le concept de critique, de l'*Origine du drame baroque allemand* à *Sens unique* », *infra*, p. 59-78.

réels de l'histoire, qui constituent le fondement de toute œuvre significative, des contenus de vérité de la philosophie »[15].

Dans sa recension de « Science rigoureuse de l'art » de Detlef Holz[16], Benjamin s'inscrit dans les pas de Aloïs Riegl qu'il crédite d'avoir frayé la voie d'une « nouvelle science de l'art » au sein de laquelle « plus les œuvres sont décisives, plus leur teneur de signification se trouve discrètement et intimement liée à leur teneur factuelle ». Il faut s'intéresser aux rapports qui créent « un éclairage mutuel entre d'un côté le processus et le bouleversement historiques, de l'autre l'aspect contingent, extérieur, voire curieux de l'œuvre d'art ».

Le critique et théoricien de la critique se situe et situe nécessairement les objets dont il s'empare « à la croisée des chemins »[17], culturellement, économiquement aussi bien que politiquement. Lors d'une de ses dernières interventions, au colloque « Critique et création » qui eut lieu en 2015, Philippe Ivernel, lecteur et traducteur irremplaçable de Benjamin, reprenait ainsi la conclusion de l'article de 1931 « Science de la littérature et histoire de la littérature » : « il ne s'agit pas de présenter les œuvres de la littérature dans le contexte de leur temps, mais d'amener à exposition dans le temps où elles sont nées, le temps qui les connaît – c'est-à-dire le nôtre. Ainsi la littérature devient-elle un organon de l'histoire et faire cela d'elle – au lieu de la constituer en matériau de l'historiographie – telle est la tâche de l'histoire de la littérature »[18].

Si la critique se trouve ainsi profondément bouleversée par la place qu'elle fait à l'histoire, l'histoire appelle aussi un bouleversement. « Faire œuvre d'historien ne signifie pas savoir "comment les choses se sont réellement passées". Cela signifie s'emparer du souvenir tel qu'il surgit à l'instant du danger. Il s'agit pour le matérialisme historique de retenir l'image du passé qui s'offre inopinément au sujet historique à l'instant du danger »[19].

Nathalie Chouchan

15. W. Benjamin, *Origine du drame baroque allemand*, cité par A. Goldberg, *infra*, p. 69.
16. W. Benjamin, « L'œuvre d'art verbale », *infra*, p. 90-93.
17. P. Ivernel, « Actualité critique de Benjamin », *infra*, p. 100.
18. *Ibid.* p. 101.
19. W. Benjamin, « Sur le concept d'histoire », dans *Œuvres, op. cit.*, t. III, p. 431.

WALTER BENJAMIN CRITIQUE
à Philippe Ivernel (1933-2016)

Philippe Ivernel était traducteur. Professeur émérite de l'Université Paris 8 Vincennes-Saint-Denis, chercheur associé au CNRS, spécialiste de Brecht, du théâtre allemand et du théâtre d'intervention, il a aussi enseigné à l'Université catholique de Louvain de 1969 à 1998. On lui doit de nombreuses traductions de l'allemand, dont *La Haine* de Günther Anders (Rivages, 2009), une adaptation de Peter Weiss et de Rainer Werner Fassbinder, ainsi que des articles et des contributions à des ouvrages collectifs du CNRS comme *Les Voies de la création théâtrale, Le Théâtre d'agit'prop de 1917 à 1932, Le Théâtre d'intervention en France depuis 1968*. De Walter Benjamin il a notamment traduit *Je déballe ma bibliothèque* (Rivages, 2000), la correspondance avec Theodor W. Adorno (La fabrique, 2002), les *Essais sur Brecht* (La fabrique, 2003), ainsi qu'une sélection d'essais critiques, *Critique et utopie* (Rivages, 2012), et *Walter Benjamin et Bertolt Brecht, Histoire d'une amitié* (Klincksieck, 2015) de Erdmut Wizisla. Sa dernière traduction vient de paraître : *Critiques et recensions de Walter Benjamin* (Klincksieck, 2018).

DOSSIER

Walter Benjamin critique

PRÉSENTATION

Le présent dossier a été conçu à l'occasion de la récente publication d'un premier tome de l'édition intégrale, historique et critique des œuvres de Walter Benjamin en traduction française, par les éditions Klincksieck :

> Walter Benjamin, *Œuvres et Inédits*, sous la responsabilité scientifique de Michel Métayer, tome 13 : *Critiques et recensions*, traduction de Marianne Dautrey, Philippe Ivernel et Michel Métayer, 2 volumes, Paris, Klincksieck, 2018.

Cette édition est la traduction du tome 13 de la nouvelle édition allemande, dont huit tomes sont déjà parus :

> Walter Benjamin, *Werke und Nachlaß. Kritische Gesamtausgabe*, sous la direction de Christoph Gödde et Henri Lonitz, pour le compte de la fondation Hamburger Stiftung zur Förderung von Wissenschaft und Kultur (Fondation hambourgeoise pour la promotion de la science et de la culture), 21 tomes, Berlin, Suhrkamp, 2008-.

Le volume 13-1 de l'édition française, traduction du volume 13-1 intitulé *Kritiken und Rezensionen* (édité par Heinrich Kaulen et paru en 2011) comprend l'ensemble des critiques et recensions que Benjamin fit paraître entre 1912 (*Manifeste de Lily Braun adressé à la jeunesse scolaire*), alors qu'il fréquentait encore le lycée, et 1940 (*Une lettre de Walter Benjamin au sujet de Le Regard de Georges Salles*, parue dans la *Gazette des Amis des Livres* de mai 1940) : textes publiés, tapuscrits et brouillons inédits, assortis d'un commentaire critique (genèse du texte, variantes, documents, note de l'éditeur).

Parmi les six textes dont on trouvera ici une traduction rédigée par Philippe Ivernel à partir de la nouvelle édition, cinq sont publiés dans le volume 13-1. Plusieurs sont inédits en français. Certaines particularités, notamment quant aux variations typographiques des titres et à la ponctuation, tiennent au principe de fidélité à l'original qui a guidé tant l'établissement du texte de l'édition critique que la traduction.

C'est en vertu de ce même principe que le texte *Crise et Critique*, dont l'édition de l'original tapuscrit n'a pas encore été établie, a été assorti de plusieurs notes. Sa traduction a été publiée dans l'ouvrage :

Erdmut Wizisla, *Walter Benjamin et Bertolt Brecht. Histoire d'une amitié*, traduction de Philippe Ivernel, édition française établie sous la responsabilité scientifique de Florent Perrier, Paris, Klincksieck, 2015.

La revue *Cahiers philosophiques* et les auteurs du présent dossier remercient les éditions Klincksieck qui ont mis à disposition les textes récemment parus dans *Critiques et recensions*, Maryvonne Ivernel pour avoir aimablement autorisé la publication des traductions et de la conférence transcrite dans ce numéro, ainsi qu'Emmanuel Wallon qui a permis la reproduction de la conférence tenue par Philippe Ivernel lors d'un colloque qu'il a coordonné.

Walter Benjamin et la critique

Dans le concept de critique se trouve ramassée, *in nuce*, toute l'intensité de Benjamin. Pour lui, elle est emphatiquement rapport à la vérité, pratique de celle-ci en une écriture reliant des matérialisations de la pensée aussi disparates qu'essai littéraire, étude philosophique, journalisme, travaux universitaires, enquête sur les logiques artistiques, voire enfin la traduction.

La critique est aussi bien, pour un des rares philosophes du vingtième siècle à n'avoir jamais connu « l'abri » universitaire, le lieu d'épreuves, multiples dans leurs configurations, d'un parcours d'existence directement aux prises avec l'histoire réelle. Comment situer l'exigence de produire une intelligibilité du monde, de diviser son présent, au sein des conditions matérielles de la production culturelle, que ces conditions soient académiques ou directement économiques ? Comment parcourir ces conditions en y inscrivant des dissensions, en y libérant des potentialités, bref en détraquant l'emprise du toujours-semblable qui y règne ? Circulation marchande de l'idée, normes académiques qui ne veulent rien savoir des rapports de pouvoir et d'exclusion dont proviennent leur validité séparée : Benjamin ne s'inscrit pas tant dans ces oppositions, entre le texte de commande et l'étude universitaire, l'urgence et la durée, qu'il ne les polarise à l'extrême, les dénature, s'employant à créer un genre méconnaissable selon leurs catégories : celui de la critique.

Voilà pourquoi il peut se consacrer simultanément à ce qu'il appelle la tâche de la grande critique – « Car, contrairement à ce que l'on croit, la tâche de la grande critique n'est ni d'enseigner au moyen de l'exposé historique ni de former l'esprit au moyen de la comparaison, mais de parvenir à la connaissance en s'abîmant dans l'œuvre. Il lui incombe de rendre compte de la vérité des œuvres comme l'exige l'art autant que la philosophie »[1] – et à sa situation :

D'abord je me suis fait – à vrai dire dans des proportions modestes – une situation en Allemagne. Le but que je m'étais proposé n'est pas encore pleinement réalisé, mais, enfin, j'y touche d'assez près. C'est d'être considéré comme le premier critique de la littérature allemande. La difficulté c'est que, depuis plus de cinquante ans, la critique littéraire en Allemagne n'est plus considérée comme un genre sérieux. Se faire une situation dans la critique, cela, au fond,

---

1. « Annonce de la revue *Angelus Novus* », dans W. Benjamin, *Œuvres*, trad. fr. M. de Gandillac, R. Rochlitz et P. Rusch, Paris, Gallimard, 2000, t. I, p. 268.

veut dire : la créer comme genre. Mais sur cette voie des progrès sérieux ont été réalisés – par d'autres, mais surtout par moi. Voilà pour ma situation[2].

Dans ce dossier, un choix de textes de Benjamin, tirés de ses critiques et recensions publiées dans le tome 13 des *Œuvres et Inédits*, qui vient de paraître, expose l'amplitude et la disparité de la critique benjaminienne. On découvre le philosophe au plus haut point polémiste dans sa critique du livre d'Oskar Walzel *L'Œuvre d'art verbale*. Il combat inlassablement deux tendances de la critique, celle qui cède à la « pulsion lubrique portant sur le grand tout », et celle qui identifie la critique à l'empathie d'un « co-vécu ». Toutes deux manquent complètement la singularité de l'œuvre. On voit comment son élaboration de la critique s'inscrit dans les conflits et transformations qui animent la discipline de l'histoire de l'art. En la matière, c'est Alois Riegl, auteur de *L'Industrie d'art à l'époque romaine tardive* qui retient son attention dans l'étude d'une période dite décadente, d'objets réputés sans intérêt. Ce dernier « pénètre dans les contenus factuels si profondément qu'il réussit à enregistrer la courbe de leurs battements de cœur telle la ligne de leurs formes » : cette orientation consonne avec la « piété de l'insignifiant » que les frères Grimm associent à la philologie. Enfin, avec la question « Comment s'expliquent les grands succès de livre », recension de l'herbier du prêtre suisse Künzle, le philosophe prend en charge l'aspect sociologique, s'intéressant au fait qu'à côté de la Bible, ce volume est l'ouvrage le plus répandu en Suisse.

Quatre articles accompagnent ces textes, consacrés aux linéaments du concept de critique benjaminien tel qu'il s'élabore dans les années vingt. Antonia Birnbaum s'intéresse au renversement opéré par Benjamin relativement aux premiers romantiques allemands, à son décadrage de leur *credo* métaphysique. Prenant d'abord pleinement appui sur leur conception d'une critique réflexive et cognitive qui réconcilie le fini et l'absolu, elle ressaisit les désajustements de cette réflexivité sous l'espèce d'une « ironie objective » qui fait éclater l'identification, la mise en balance du fini et de l'infini. L'ironie objective est élucidée comme la tentative paradoxale de continuer à travailler à la construction de l'œuvre par sa rupture, de prendre au sérieux son inachèvement.

Michel Métayer s'empare de la critique sous l'espèce de la traduisibilité, de la manière dont une œuvre passe dans une langue nouvelle. Insistant sur « le caractère inadéquat, violent et étranger » de ce passage, il expose les ruptures et les accélérations qui viennent au jour dans la traduction. Le rapport unifié de l'œuvre, pris dans sa langue d'origine comme la chair du fruit dans sa peau, se trouve reporté dans un rapport logé hors de cette unification, dans sa « forme-traduction ». Celle-ci est critique en ce qu'elle actualise cette brisure de la forme dans l'original lui-même, qu'elle en effectue une bifurcation temporelle, une « vie-continuée ».

■ 2. Lettre de Walter Benjamin à Gershom Scholem, 20 janvier 1930 (la lettre est rédigée en français), dans W. Benjamin, *Gesammelte Briefe*, H. Lonitz et C. Gödde (dir.), Frankfurt am Main, Suhrkamp, 1995-2000, t. III (*1925-1930*), p. 503.

Jacques-Olivier Bégot analyse la critique du mythe produite au sein même du roman goethéen, *Les Affinités électives*. L'importance accordée par Benjamin à l'inversion goethéenne des termes de roman et de nouvelle marque l'entame critique. Le philosophe montre que le bref épisode intitulé « Les voisins singuliers » n'est pas une mise en abyme, mais plutôt un négatif de l'intrigue. Ce « dehors intérieur », hiatus immanent, rend le roman « exemplaire », exemplaire de ce que le roman est un « mythe tourné contre lui-même », logeant la vérité de l'œuvre dans ce qui la discontinue. En interrompant sa belle apparence, la critique avère l'irréductibilité de l'œuvre à une pleine manifestation, et par là même, l'irréductibilité de l'art à sa phénoménalité.

Andrés Goldberg demande comment l'ébranlement benjaminien du privilège de la forme dans la philosophie de l'art l'oriente dans le sens d'une affirmation de l'hétérogénéité de ses objets. Leur variation fait varier la critique elle-même. Ainsi, ce qui se présente comme éloigné dans la forme, le *tractatus* repris comme modèle de l'*Origine du drame baroque allemand*, la « forme revue » de *Sens unique* nous livre l'effectivité d'un travail conceptuel en acte. Le concept de critique fait basculer l'exercice systématique de la philosophie dans des formes expérimentales.

Ces quatre articles explorent diversement l'impact sur Benjamin du concept de critique tel qu'il se présente chez les premiers romantiques, en particulier dans la revue *Athenaeum*. Le philosophe ne cesse de réaffirmer cette conviction que la configuration du problème de la critique « autour de 1800 » a valeur d'origine : « C'est du concept romantique de critique qu'est sorti son concept moderne »[3]. Ce concept vaut comme matrice problématique chez Benjamin, notamment dans son refus prégnant d'identifier la critique à toute pratique extérieure du jugement, au lieu de quoi il la loge dans l'immanence de l'œuvre.

Par-delà ce foyer commun, les quatre approches annoncent et éclairent les transformations de ce concept, dans ses différentes occurrences, au delà des années vingt. Morceaux, usure, dislocation phénoménale, inachèvement, dissociation de l'art et de l'esthétique, histoire extensive et histoire intérieure : là est un sol fécond, novateur quant au matérialisme de la critique. Pour conclure, la conférence de Philippe Ivernel complète ces enquêtes singulières en dressant un portrait compréhensif de la critique dans le parcours benjaminien.

Relativement à la situation présente, notamment dans le champ générique des arts visuels, soulignons à quel point ce concept de critique y a été opérant quant au rapport entre art et philosophie. En effet, la critique d'art benjaminienne désidentifie l'œuvre, non pas de toute instanciation du paraître, mais de toute coïncidence avec celle-ci. Destituant le privilège de l'esthétique comme fondement des œuvres, cette désidentification ne dévalue nullement le sensible, mais en pénètre les disjonctions. Ainsi, la critique rejoint les interrogations contemporaines de l'art en s'étendant à toutes ses dimensions, en élucidant l'historicité des relations intrinsèquement instables, variables,

---

3. Lettre de Walter Benjamin à Ernst Schoen, 8 et 9 novembre 1918, dans W. Benjamin, *Correspondance*, trad. fr. G. Petitdemange, Paris, Aubier Montaigne, 1979, t. I (*1910-1918*), p. 186-187.

entre les aspects cognitifs, esthétiques, techniques, marchands, sociaux, politiques qui constituent les œuvres.

Quand bien même il ne se rapporte pas explicitement à Benjamin, il revient à Michel Foucault d'avoir décrit la fulgurance particulière de la critique benjaminienne :

> Je ne peux m'empêcher de penser à une critique qui ne chercherait pas à juger, mais à faire exister une œuvre, un livre, une phrase, une idée ; elle allumerait des feux, regarderait l'herbe pousser, écouterait le vent et saisirait l'écume au vol pour l'éparpiller. Elle multiplierait non les jugements, mais les signes d'existence ; elle les appellerait, les tirerait de leur sommeil. Elle les inventerait parfois ? Tant mieux, tant mieux. La critique par sentence m'endort ; j'aimerais une critique par scintillements imaginatifs. Elle ne serait pas souveraine ni vêtue de rouge. Elle porterait l'éclair des orages possibles[4].

**Jacques-Olivier Bégot, Antonia Birnbaum,
Andrés Goldberg, Michel Métayer**

■ 4. M. Foucault, « Le philosophe masqué » (entretien avec C. Delacampagne, février 1980), dans *Dits et écrits 1954-1988*, édition établie sous la direction de D. Defert et F. Ewald, avec la collaboration de J. Lagrange, Paris, Gallimard, 1994, t. IV, p. 106 (première publication : *Le Monde*, n° 10945, 6 avril 1980 (*Le Monde Dimanche*), p. I et XVII).

Walter Benjamin critique

EXTENSION DU CONCEPT D'IRONIE À L'IRONIE OBJECTIVE

Antonia Birnbaum

Investissant le cadre théorique des premiers romantiques, celui d'un art exposant l'absolu, Walter Benjamin en corrode l'unité. Pour ce faire, il introduit un concept-*Witz*, « l'ironie objective ». Sa différence se détermine, non comme dissolution de la forme de l'œuvre, ajustement de celle-ci à l'absolu de l'art, mais comme l'interruption de l'apparence à même la forme. Cette rupture singulière contracte en elle la dimension de la critique, si bien que celle-ci n'est plus achèvement de l'œuvre mais son interruption, un retournement de la forme contre elle-même, contre sa propre clôture.

> Da ist nicht wie bei den Griechen eine sonnenklare Harmonie zwischen Form und Idee; sondern, manchmal überragt die Idee die gegebene Form, und diese strebt verzweiflungsvoll jene zu erreichen, und wir sehen dann bizarre, abenteuerliche Erhabenheit; manchmal ist die Form ganz der Idee über den Kopf gewachsen, ein läppisch winziger Gedanke schleppt sich einher in einer kolossalen Form, und wir sehen groteske Farce [...].
>
> Heinrich Heine

Pourquoi le mot de *Kunstkritik* a-t-il été traduit en français par « critique esthétique » et non « critique artistique »[1] dans le titre de la thèse de Walter Benjamin, *Der Begriff der Kunstkritik in der deutschen Romantik*?

Lapsus théorique plutôt qu'erreur de traduction, ce glissement avère une équivoque, voire une confusion entre art et esthétique. L'entame s'en trouve chez Kant. Ce dernier n'a jamais pensé, ni prétendu penser, la

---

1. Pour traduire le terme « Kunstkritik », nous avons choisi l'expression « critique artistique », préférant cette dernière à celle de « critique d'art » qui cantonne le champ de cette critique à celui de l'art visuel. Notre préférence, bien qu'elle fasse emploi d'un néologisme, a l'avantage de souligner la continuité entre critique et art que Benjamin met au centre de sa réflexion.

spécificité ontologique de l'art. Pourtant, dans son sillage, de nombreuses philosophies ont pris appui sur son élaboration de la libre réflexivité du sujet pour façonner leurs constructions ontologiques de l'art. Elles les ont alors basées sur le rapport à la libre semblance, en identifiant l'art avec une forme de parution, une manifestation de la vérité dans l'apparence. En l'occurrence, le lapsus concernant le titre du livre de Benjamin est d'autant plus frappant que dans le paysage allemand d'alors, seuls dérogent à cette équivoque les romantiques d'Iéna, notamment Friedrich Schlegel et Novalis. Chez eux, le concept d'art renvoie non pas à la libre semblance corrélative d'un jugement de goût universel, mais aux œuvres d'art en tant qu'elles incluent directement l'idée de l'art dans leurs propres procédures. C'est précisément à cet égard que les premiers romantiques intéressent Benjamin, et c'est de ce point qu'il fait l'angle problématique de sa thèse.

Si ultérieurement, le philosophe a su nouer les éléments de technique, de perception et de cognition dans une théorie matérialiste de l'art, ce n'est pas parce qu'il est devenu marxiste après avoir été kantien, c'est parce qu'il dispose déjà, depuis 1921, d'un concept de critique apte à rendre compte de la dimension cognitive et historique de l'art. Bien sûr, cela ne signifie ni pour Benjamin, ni pour Schlegel et Novalis, que la question de la libre semblance soit purement absente de l'art[2]. Mais cela inscrit leur démarche dans un geste qui minore, voire qui défait le primat de l'*aisthesis*.

L'extrapolation du concept benjaminien de critique d'art que j'entreprends ici interroge la manière dont le philosophe s'empare des concepts des premiers romantiques pour les modifier. Benjamin pose sa démarche comme une « action restreinte », se limitant à explorer le rapport entre critique et art : c'est leur compénétration qu'il s'agit d'éclairer comme problème. Pour les romantiques, la dimension critique de l'art en fait une affaire de cognition, parce que les œuvres construisent l'idée d'art à même la construction de leur forme. Benjamin met en avant l'objectivité spécifique de cette critique, s'inscrivant en porte-à-faux contre toute interprétation subjectiviste du romantisme.

Dans les pages qui suivent, on s'appuiera exclusivement sur son interprétation. Rappelons que le premier romantisme est un mouvement groupé autour d'une revue produite par un collectif, l'*Athenaeum*, qui paraît de 1798 à 1800. Elle s'essaie à une écriture inédite, fragmentaire, collective, produit des traductions, a pour ambition de réinventer la critique. Ses auteurs sont les deux frères Friedrich et August Wilhelm Schlegel, Novalis, Friedrich Schelling, Caroline Schlegel. Benjamin est l'un des rares penseurs ayant réussi à cadrer les enjeux de ce mouvement multiforme, puis ayant rompu avec ce cadre. C'est pourquoi, à quelques exceptions près, nous reprenons les citations des romantiques dans le texte de Benjamin lui-même.

Benjamin ne se contente pas d'élucider la conceptualité romantique, il en extrait des conséquences insoupçonnées. Il y a un véritable forçage de certaines opérations logées au sein de l'identification romantique du fini de l'œuvre et de l'infini de l'art. Un premier forçage élargit le concept de poésie vers celui d'art. Un autre forçage affole le rapport temporel du grec

■ ▪ 2. Dans l'ensemble de ce texte, il sera toujours question de Friedrich Schlegel.

au moderne. Enfin, un dernier forçage introduit une « ironie objective » à même laquelle fait retour la question évincée par les romantiques de l'art, à savoir la question de son contenu. Ce sont ces trois forçages que je vais élucider, montrant comment ils conduisent Benjamin à éclater le cadre des considérations romantiques et à éclairer d'une autre lumière la théorie de l'art qui s'y formule. Le dernier de ces forçages est tout autant à ma charge qu'à la charge de Benjamin.

De manière abrupte, la chose se présente d'abord comme suit. En soustrayant le privilège du paraître, de la représentation, et donc de la subjectivité, les romantiques opèrent un transfert complet d'une formalité du sujet vers une formalité de l'objet. Cette forme propre à l'objet, ou l'œuvre, ils la gagnent en indistinguant ce qui relèverait d'un Moi (d'un sujet conscient de soi, se sachant) et ce qui relèverait d'un objet. Ils relogent l'autoactivité de la réflexion en toute chose, nature ou esprit, et surtout, dans l'art lui-même. Les œuvres se conçoivent alors comme des Soi, comme des objets qui sont des quasi-sujets. Le geste des romantiques consiste à appréhender toute forme, y compris les formes objectives de l'art, comme infinité en acte d'une réflexion de l'absolu. Par ce geste, leur théorie de l'art substitue à la question classique de la représentation celle de l'autoengendrement et de l'autoprésentation objective des formes. Elle reloge l'idée de l'art, ou de l'absolu de l'art dans leur lexique, au sein même de cette processualité objective et immanente.

Ce report de la formalité vers l'objet leur permet de concevoir une ontologie de l'œuvre d'art, basée sur la réflexivité infinie de la forme. Cette réflexivité détermine le nouage en une limitation spécifique, finie. Ainsi Schlegel :

> Une œuvre est formée lorsqu'elle est en tous points nettement délimitée, mais, à l'intérieur de ses limites, illimitée [...], lorsqu'elle est entièrement fidèle à elle-même, en tous points égale et pourtant supérieure à elle-même[3].

Ainsi, tout en récusant le primat du paraître, les romantiques restent tributaires du privilège de la forme caractéristique du criticisme kantien. Pour eux, les rapports qui constituent l'œuvre ont pour seule détermination d'être la réflexivité d'une forme, si bien que de la forme simple surgit une réflexion au carré de cette forme, et ainsi à l'infini. C'est là, insiste Benjamin, la seule détermination du contenu à laquelle ils s'intéressent.

Cette réflexivité infinie de l'art inscrite à même le processus formel, immanent des œuvres n'est-elle pas menacée de tomber dans le vide ? Pour Benjamin, ce point abscons de la théorie romantique peut être levé si l'on saisit les attendus de cette réflexivité : elle est d'emblée conçue comme une infinité de connexions et non de progression, une intensification des rapports. Réfléchir en ce sens, c'est à chaque fois actualiser, et non pas évaporer le réel de l'être. Nous sommes en présence de médiations d'immédiateté, de formes qui passent l'une dans l'autre par un saut, selon l'expression de Schlegel.

■ 3. Fragments de l'*Athenaeum*, dans Ph. Lacoue-Labarthe et J.-L. Nancy, *L'absolu littéraire, théorie de la littérature du romantisme allemand*, Paris, Seuil, 1978, p. 141 (trad. modif), p. 121.

En vertu de cette connectivité de la relation pensante, en vertu de ce credo métaphysique selon lequel tout réel est un être se pensant, l'art est conçu comme chargé d'un rapport à l'absolu, ou dans le lexique de Benjamin, d'une teneur de vérité. Pour qualifier cet absolu romantique de l'art, Benjamin l'appelle médium-de-la-réflexion. Celui-ci peut être considéré soit sur le plan de l'absolu, soit sur le plan des formes. La question est de déterminer comment ils se rejoignent.

Sur le plan de l'absolu, il s'agit dans le lexique de Novalis, d'un « chaos se parcourant lui-même »[4] (*ein Chaos, das sich selbst durchdrang*). L'absolu « se parcourt lui-même », se pénètre. Sur le plan des formes, on peut discerner au moins deux modalités, une modalité *witzig* et une modalité allégorique. Dans la première, l'absolu se ramasse selon les contractions momentanées de l'unité infinie en une unité finie : ce sont les connexions hétérogènes du *Witz*. Il y va d'une réunion d'éléments qui n'est pas réglée discursivement, dans laquelle unité et chaos ne se contredisent point. S'effectue alors ponctuellement, au sein d'un rapport clair et confus, un absolu exposé en puissance dans ce que Novalis appelle des défauts de rapports : « À travers sa traversée de soi, le confus en arrive à cette transparence paradisiaque – à un éclairage de soi – que le clair atteint si rarement »[5]. Dans la modalité allégorique, l'absolu s'indique par l'inscription à même une forme finie d'un renvoi infini à toutes les autres œuvres : c'est l'excès de signification allégorique, qui présente une idée différente d'elle-même[6]. Benjamin insiste sur le continuum dans lequel se découpent de toutes parts les formes singulières, les œuvres. La réflexivité propre à chacune en fait un « centre de réflexion » relatif se produisant dans et par un nouage limité du médium-de-la-réflexion. Une telle forme prend effet en articulant des rapports au sein de ce continuum sans jamais préjuger d'un ordre, si bien que Benjamin dira qu'elle commence toujours en son milieu.

Pour saisir l'imbrication entre réflexivité et production, il faut se placer sur le plan des formes elles-mêmes. Celles-ci se connaissent en se produisant. Pour autant, elles ne sont pas fermées en elles-mêmes car le rapport à soi qu'elles constituent n'est pas stable, il a la consistance d'un ressort réflexif interne apte à s'intensifier, à se potentialiser, ou à se « romantiser », dans le lexique de Novalis. Cette intensification réflexive qui habite les œuvres marque leur connexion immanente à toutes les autres, et partant, à l'idée de l'art, au plan absolu. Leur réflexivité les pousse à intégrer à leur connaissance d'elles-mêmes d'autres centres de réflexion, ou encore à s'élargir vers ceux-ci.

Cela signifie qu'une œuvre, dans sa relative clôture – ce qui fait d'elle une forme – est néanmoins toujours à achever, ou qu'elle n'est qu'une partie d'elle-même rapportée à une infinité que recèle la combinatoire de ses rapports internes, et dont sa contingence limitée procède. Deux conséquences s'en dégagent. L'une est l'évolution de toute œuvre vers le morceau (*Bruchstück*), ou le fragmentaire. Là gît le problème d'un absolu de l'art inscrit à même la totalité des rapports entre les œuvres, à même une « guirlande de fragments ».

■ 4. *Ibid.*, p. 71 (trad. modif.).

■ 5. Novalis, *Schriften*, Stuttgart, Kohlhammer Verlag, 1960, vol. 1, p. 427 (notre traduction).

■ 6. Sachant que l'allégorie romantique n'est en rien identique à l'allégorie baroque, précisément parce qu'elle communique avec l'absolu.

L'autre est la tendance de l'œuvre en direction de son achèvement, c'est-à-dire vers son intensification absolue : non pas par une réflexion *sur* l'œuvre, mais par un déploiement de réflexion *dans* l'œuvre. Ainsi, toute connaissance d'une œuvre ne sera qu'un dépli de son autoconnaissance, laquelle n'est plus imputable à sa contingence relative, à sa forme, mais à l'universalisation de celle-ci. C'est à la critique qu'il échoit d'accomplir cet achèvement absolu de l'œuvre.

Déployer la réflexion qui habite et configure les œuvres est la tâche qui incombe à la critique. C'est donc une tâche de connaissance des œuvres, si bien que « pour les romantiques la critique est bien moins le jugement d'une œuvre que la méthode de son achèvement »[7].

D'emblée, Benjamin insiste sur la positivité, voire sur l'objectivité de la critique. L'objectivité signifie que connaître de manière critique, c'est déployer la connaissance de soi par l'œuvre. Il y a donc, par-delà la différence entre œuvre et critique, une manière de co-implication de la critique dans l'œuvre : c'est celle-ci qu'expérimente l'activité critique. Il ne s'agit pas d'une écriture pensante, ni d'un style essayiste, mais d'une étrange continuité dont le rapport entre œuvre et idée de l'art va éclairer la trame.

Une telle critique accomplit la réflexion absolue que l'œuvre recèle, c'est-à-dire qu'elle en accomplit le noyau idéel, si on entend par là non une substance, mais la processualité des relations se nouant dans la forme. Une telle critique lève la limitation de l'œuvre, en dissout la contingence formelle pour la rapprocher de l'universel du médium-de-réflexion. Chaque critique est un état actuel de l'œuvre, un état du surmontement de sa limite, lequel peut à son tour être repris en une nouvelle intensification.

Les romantiques semblent d'abord rendre ce surmontement de la limite quasi synonyme d'une absorption du fini dans l'infini, et donc aussi bien d'une résorption de la contingence qui fait la forme. Sa spécificité s'atteste dans son rapport impossible à la négativité caractéristique du goût. La critique étant potentiellement inscrite dans l'œuvre, elle n'a pas d'autre mesure ni d'autre règle que son déploiement singulier lui-même. La question propre au jugement – savoir si une œuvre est bonne ou mauvaise – perd son sens. L'épreuve de l'œuvre est le dernier mot. C'est à cela que fait allusion Novalis quand il écrit : « La critique de la poésie est un non-sens. Il est déjà difficile de décider, encore que ce soit la seule décision possible, si quelque chose est ou non poésie »[8]. Une telle question ne saurait se limiter à la dimension langagière, c'est même au *ready-made* qu'il revient de l'avoir posée en toute netteté.

■ 7. W. Benjamin, *Le Concept de critique esthétique dans le romantisme allemand*, trad. fr. S. Muller, Paris, Champs-Flammarion, 1986, p. 111.
■ 8. Novalis, *Schriften, op. cit.*, vol. 2, p. 379 (notre traduction).

Le philosophe ne cesse d'insister sur l'objectivité sous-estimée de la critique romantique : celle-ci ne connaît pas la séparation entre connaissance factuelle et évaluation subjective qui en définit la conception attendue.

Ce n'est pas le critique mais l'art lui-même qui porte un jugement sur elle [l'œuvre], soit en l'admettant dans le médium de la critique, soit en la rejetant et en l'estimant, précisément par là, indigne de toute critique[9].

La force de ce concept réside selon Benjamin dans sa capacité à produire une notion rigoureuse et immanente de l'œuvre en rapport avec la vérité propre à l'art sans hypostasier ce dernier en règle, voire en critère idéal. Nul besoin de principes arrêtés comme l'harmonie ou l'organisation postulées par Johann Gottfried Herder ou Karl Philipp Moritz. La critique romantique est apte à congédier le dogmatisme qui repose sur des règles canoniques extérieures à l'œuvre, règles selon laquelle celle-ci doit être façonnée. Elle évite tout autant de tomber dans la tolérance sceptique associée au *Sturm und Drang*, qui se complaît dans le culte de la créativité de l'artiste dont l'œuvre ne serait qu'une expression. À la place de jugements se voulant prescriptifs, qui mesurent l'œuvre soit par les œuvres du passé, soit par une norme, on a affaire à une critique qui rend intelligible la saisie, par l'œuvre, de l'idée d'art qu'elle met en forme.

L'œuvre corrélative d'une telle critique est théorisée essentiellement à partir d'une autolimitation de l'absolu, et identifiée à la limitation de la forme : nous sommes en présence d'un formalisme libre, non dogmatique, appelé « formalisme libéral » (Schlegel). L'infinitude de l'art est le médium-de-la-réflexion qui se donne son propre être en formant des centres de réflexion, si bien que les deux – art et forme – sont également déterminés. La critique dissout le fini de la forme relative – seule détermination de l'œuvre – dans l'infini de l'art : elle accomplit leur unité. Cette unité réconciliée du fini et de l'infini constitue le cadre de la théorie romantique de la critique, qui va se trouver peu à peu mis à mal dans les considérations benjaminiennes.

Ce qui vient d'être exposé montre bien que le continuum infini des formes de l'art n'est pas transcendant, que cet infini n'existe nulle part ailleurs que dans les contractions formelles et les dissolutions critiques des nexus réflexifs que sont les œuvres. Mais alors, qu'en est-il de la temporalité de cet infini tel que les romantiques la formulent, à partir de l'écart de l'antique au moderne ? Qu'en est-il dans cette procédure réflexive, immanente, de la différence de la poésie de nature (grecque) et de la poésie d'histoire (moderne) ?

Surgit là une difficulté qui va corroder le statut fondateur de l'art grec. En effet, dans la mesure où toute œuvre noue en elle l'idée d'art dont elle procède, on ne peut simplement assigner à la poésie de nature un statut naïf. En même temps, l'on ne peut pas davantage traiter indifféremment toutes les œuvres comme des expressions d'une idée invariante de l'art puisque, justement, c'est la non-évidence de l'idée de l'art, son instabilité, sa mutabilité, sa fluidité et sa contraction, qui sont en jeu dans l'agencement réflexif des formes, des œuvres. La tâche critique est alors de repenser autrement le

9. Novalis, *Schriften, op. cit.*, p. 126.

rapport du grec et du moderne. Ou pour reprendre la même tâche dans les termes de Schiller : comment penser le rapport entre un art naïf, supposé non réflexif, et un art sentimental, dont la réflexivité médite la perte de son naturel grec ?

Il y a une première approche philologique de la question. Dans *Sur l'étude de la poésie grecque*, Friedrich Schlegel propose une lecture génétique du classique grec. Le corpus de la poésie de nature, son extension, a été établi par ceux qui ne la produisaient plus. Autrement dit, les Grecs apprirent à juger la poésie au moment où sa force productive était épuisée. Leur capacité critique est séparée de leur capacité créatrice, tout comme le classique revient à une forme – Homère – qui, ayant été, doit être ; ou plus radicalement encore : qui, ayant été, a toujours été. La tendance antique à projeter le matériau en un passé lointain, en une origine ou une nature, vaut aussi pour leur manière d'appréhender leurs poètes. Ils les reconstruisent, pour ainsi dire, au passé. Ici, la conception dite « naïve » de la productivité grecque est complexifiée, parce que mise au compte d'une dissociation temporelle entre production et critique.

Les œuvres grecques nouent elles aussi une réflexivité en leurs formes. Simplement cette réflexivité est affectée d'une latence temporelle. Elle ne semble pas immédiatement coïncider avec leurs formes, qui paraissent obéir à des règles tirées d'un passé hors d'atteinte. Les formes grecques, avec leur manière d'avoir-toujours-été, sont corrélatives d'une stabilité et d'une distinction des genres qui commandent à leur composition : l'épique, le lyrique, le dramatique. Schlegel conçoit leur congruence en les considérant ensemble comme une œuvre unique.

Si l'on ressaisit ce tableau philologique théoriquement, le rapport entre critique et œuvre se reformule selon une imbrication plus étroite qu'auparavant. A été établi qu'un nœud réflexif processuel est cela même qui est mis en forme dans l'œuvre. Ce nouage est autolimitation de l'absolu, laquelle se trouve à nouveau dissoute dans l'accomplissement critique. Si l'on saisit ce passage à partir de la différence entre l'antique et le moderne, le rapport entre genres et formes se médie, devient à son tour un Soi qui se réfléchit.

Dans l'art grec, ce qui est appelé naïf, le semblant de naturalité, est de fait un élément sentimental, une réflexivité en puissance, repliée en la stabilité des genres. Le sentimental, quant à lui, sera la lucidité de ce naïf, et cette lucidité est elle-même puissance de formation. Ainsi Benjamin :

> C'est par la réflexion dans l'œuvre d'art elle-même, nous l'avons montré, que sa rigoureuse clôture formelle (type grec, qui reste relatif), si elle est bien d'une part constituée, est cependant d'autre part dissoute par sa relativité et élevée dans l'absolu de l'art par le truchement de la critique et de l'ironie (type moderne)[10].

Le moderne n'est donc pas l'autre du grec, mais une intensification à un niveau plus médié de la réflexivité qui l'habite déjà, un dépli de ses différenciations internes latentes. Leur accomplissement critique passe par

■ 10. *Ibid.*, p. 145.

une dissolution des configurations que sont les genres. Le moderne s'empare du lyrique, de l'épique, du dramatique en les décontextualisant, il avère ceux-ci, non pas comme des catégories arrêtées, autonomes, mais comme des nouages réflexifs relatifs dont il s'agit de libérer la perméabilité idéelle. La critique moderne de l'antique rend intelligible l'indifférence des formes aux genres censés leur être propre, elle actualise leur non-évidence. Par là même, elle ruine la catégorisation générique des œuvres, chacune pouvant recourir à plusieurs procédures, lyrique, épique, dramatique, chacune s'avérant dépositaire de la non-identité des genres et de la construction de connexions nouvelles entre ceux-ci au sein de la forme. Les œuvres d'art n'occupant plus une position fixe dans l'espace et le temps, elles peuvent aussi se former dans un agrégat de composantes de différents âges, être intimement mêlées à beaucoup d'autres œuvres, anciennes ou nouvelles, par un réseau de contacts sans ordre.

Ici, l'on voit immédiatement la conséquence pour un concept de critique élargi à l'ensemble de l'art. Au regard de l'importance accordée par les romantiques à l'intensification de la connexion réflexive, il n'y a aucune raison de limiter celle-ci à la dimension langagière. Des formes de peinture peuvent tout aussi bien réfléchir leur indifférence au concept stabilisé de peinture, dissolvant son essence toute relative (la planéité du tableau, la couleur) en y réintroduisant la fresque ou en la pénétrant d'autres concepts, celui de sculpture, ainsi des « objets spécifiques » de Judd, ou plus largement, du geste minimaliste. Cette purification universelle formelle des romantiques va exactement dans le sens inverse du dogme greenbergien de la modernité :

> Le souci de pureté et d'universalité qu'ont les romantiques dans l'usage des formes repose sur la conviction où ils sont de se heurter, dans la dissolution critique de leur prégnance et de leur diversité (dans l'absolutisation de la réflexion qui leur est liée), à leur connexion en tant que moments dans le médium[11].

Si l'on envisage cette connexion horizontale, dislocation et recomposition tous azimuts des genres en formes, du point de vue de la temporalité, l'on s'aperçoit que le continuum de l'absolu porte en lui une division. En effet, la critique entendue au sens romantique ne peut être cette méthode de dissolution des formes en un continuum absolu que parce qu'elle est méthode d'inclusion et de connexion entre plusieurs temporalités divergentes, « sauts » d'immédiateté entre leurs séquences différentielles. Plus encore : dans la mesure où l'adossement à l'antique comme référence originaire est rendu caduc, le continuum de l'absolu de l'art, médium-de-la-réflexion, est lui-même affecté d'une disjonction temporelle inassignable à telle ou telle époque.

La différence entre poésie de nature et d'art ne désigne plus la différence entre une origine et sa perte, époque passée et époque présente. Sa différence temporelle étant désormais un rapport à construire, et la réflexivité qui lie les séquences étant sans ancrage, elle se trouve directement suspendue à l'imminence de l'avenir, à son incidence dans le présent. C'est dire que

11. Novalis, *Schriften, op. cit.*, p. 122.

l'historicité devient un moment nécessaire de la réflexivité critique, qui, ainsi entendue, se décline au futur. Schlegel y discerne le « devenir de la poésie progressive universelle », dans le célèbre paragraphe 116 des *Fragments de l'Athenaeum*[12]. Une telle critique comporte un rapport à l'indiscernable qu'est le nouveau.

Que devient la continuité de l'absolu quand l'avenir fait effraction à même les nouages formels des œuvres ? Si l'infinitisation des formes met en relation avec l'indiscernable, il semble désormais difficile d'appréhender l'unification du fini et de l'infini comme réconciliation : l'intensification critique, la division de l'antique par le moderne rend bien plutôt l'absolu inégal à lui-même, elle le suspend à une césure temporelle. Par ses développements de la méthode critique, Benjamin met à mal le cadre théorique qui l'a rendue possible.

En retrouvant le credo métaphysique de la réflexivité interne aux œuvres par le biais de l'antique et du moderne, on en a compliqué les paramètres. L'art antique disposait d'un recours, pour produire la forme, à des genres constitués ayant des différences propres et étant relativement autonomes. Dans le moderne, la réflexivité dans toute son historicité, dans tous les nouages potentiels de sa puissance réflexive, est la seule consistance dont dispose la formation réflexive de l'œuvre pour se produire. Mais alors, cela ne signifie-t-il pas que désormais la critique est tout autant au départ de toute production moderne de l'œuvre que méthode de son achèvement ? Et cette saturation du moment critique n'implique-t-il pas que l'œuvre dissolve la forme dans laquelle elle se présente en même temps qu'elle la produit ? N'y a-t-il pas désormais une réversibilité telle entre autolimitation et autodissolution de la forme que disparaissent la consistance et de l'œuvre, et de l'idée de l'art dont elle est censée être l'empreinte ? On a l'impression que la critique universelle se substitue tout simplement à l'œuvre, qu'elle vient en son lieu et à sa place. Il y a là une accélération patente. L'insistance sur le moment idéel, de vérité, met en balance l'annulation de la forme finie[13]. Cette accélération s'est d'ailleurs traduite chez les premiers romantiques par une difficulté à faire œuvre, ou par une tendance à identifier purement et simplement l'œuvre avec sa dissolution théorique.

Benjamin prend note de ce point limite : « L'Idée est œuvre et l'œuvre aussi est Idée lorsqu'elle surmonte la limitation de sa forme de présentation »[14]. Il y aurait donc bien une réversibilité, mais celle-ci contraint Benjamin à instruire une différenciation supplémentaire du concept de forme lui-même, et donc aussi bien d'œuvre. Cette différenciation, Benjamin l'élabore moyennant un concept étrange, quasi oxymorique : celui d'une « ironie objective ». Celle-ci vaut pour lui directement comme trait de l'œuvre, et non de la critique.

Tout ce qu'il dira à son propos paraît, dans le texte, fortement tiré par les cheveux. Par là on n'entendra pas que l'ironie objective est une lubie, mais qu'elle a la consistance d'une occasion. Les problèmes que rencontre Benjamin dans son élucidation de la théorie romantique lui valent comme *kairos*. Benjamin

■ 12. *Fragments* de l'*Athenaeum*, § 116, dans Ph. Lacoue-Labarthe et J.-L. Nancy, *L'absolu littéraire, op. cit.*, p. 112.
■ 13. On a à peine eu le temps de saisir la modernité que l'on en est déjà arrivé à un art conceptuel.
■ 14. W. Benjamin, *Le Concept de critique esthétique, op. cit.*, p. 139.

s'empare de la difficulté romantique à penser ensemble autodissolution et autolimitation de l'absolu de l'art pour en tirer un concept d'ironie objective, qui éclate définitivement l'ajustement des formes et de l'absolu.

Vers la fin du *Concept de critique esthétique*, dans le chapitre consacré à l'idée de l'art, le texte accélère de plus en plus, intègre en un foyer conceptuel indémêlable les formes symboliques, la prose romantique, la sobriété hölderlinienne. Dans cet enchaînement, l'ironie objective vaut comme un quasi-concept qui revient plus à Benjamin qu'aux romantiques eux-mêmes. En l'occurrence, emboîtant le pas à l'idiosyncrasie philosophique des premiers romantiques, il a recours avec « l'ironie objective » à un véritable *Witz* conceptuel pour étayer sa réflexion[15].

Pour différencier l'ironie, Benjamin introduit plusieurs considérations absentes jusqu'alors, voire contradictoires avec les précédentes. La première est une référence étonnante à la matière de l'œuvre, à laquelle se trouve rapportée l'ironie subjective. Lui qui n'a cessé de nous dire que l'œuvre romantique ne connaît de contenu autre que de la forme au carré, y distingue à présent une matière (*Stoff*). L'arbitraire subjectif de l'ironie s'exerce à son égard, il est le privilège de l'auteur qui signale ainsi sa distanciation d'avec son œuvre, et partant, se signale lui-même comme instance extérieure, libre, pouvant nier son œuvre.

Le comportement ironique subjectif correspond aux acceptions classiques de l'ironie, de Socrate à Hegel ou à Kierkegaard, selon laquelle son domaine est le subjectif. Il y a bien un tel usage courant de l'ironie chez les romantiques, mais, selon Benjamin, ce n'est pas en elle ce qui importe. Il entreprend alors d'isoler une autre ironie – objective –, laquelle est directement relative à la forme. Pour ce faire, il précise la forme de l'œuvre comme étant « une forme de présentation donnée » (*eine Darstellungsform*). L'ironie qui s'attaque à cette présentation de l'œuvre est objective en un double sens. Elle correspond à l'esprit de l'art, au rapport de l'œuvre à l'absoluéité, et non à l'arbitraire subjectif ; elle est elle-même un moment de l'œuvre, donc de sa forme.

La procédure de l'ironie subjective peut aisément être décrite ; elle corrode l'objectivité supposée de la matière, révélant en elle l'intervention subjective de l'auteur. Par contre, l'ironie objective paraît inextricable, et ce d'autant plus que l'exemple cité par Benjamin, les drames de Tieck, semblent pouvoir être mis tout aussi facilement au compte de l'ironie subjective. Comment l'ironie objective peut-elle, comme le soutient Benjamin, se rapprocher de la critique qui sacrifie la forme en révélant sa participation réflexive au continuum idéel de l'absolu ? Comment le peut-elle, alors qu'à la différence de la critique, l'ironie objective est non pas méthode d'achèvement de l'œuvre, assimilation du fini à l'infini, mais un trait objectif co-impliqué dans sa formation finie même ?

■ 15. Dans l'*Origine du drame baroque allemand*, Benjamin assimile l'absolu de la réflexivité à une confusion : « Depuis plus d'un siècle, la philosophie de l'art doit subir la domination d'un usurpateur, qui a accédé au pouvoir dans la confusion du Romantisme. L'esthétique romantique, dans sa quête d'une connaissance illuminée et finalement assez gratuite d'un absolu, a acclimaté au cœur des débats les plus simplistes de la théorie de l'art un concept de symbole, qui n'a du concept authentique que le nom. Ce concept en effet, qui est du ressort de la théologie, ne saurait en aucun cas répandre dans la philosophie du beau ce brouillard sentimental, de plus en plus épais depuis la fin du premier romantisme », W. Benjamin, *Origine du drame baroque allemand*, Paris, Flammarion, 1985, p. 71.

Pour étayer ce point, Benjamin est obligé de complexifier encore le concept de forme, d'y distinguer à nouveaux frais les déterminations respectives de la dimension relative, contingente, et de la dimension idéelle, absolue. L'ironie objective ne détruit pas, comme la critique, l'œuvre dans sa relativité, dans sa présentation. Elle décompose, à même la présentation donnée de la forme, le paraître illusoire de cette forme, pour libérer la dimension idéelle de l'art qui se noue à même cette forme. L'ironie objective défait, non pas la forme comme le fait la critique achevante, mais la coïncidence de la forme et de son apparence. La rupture qu'elle introduit est immanente à l'œuvre. Celle-ci ne s'accomplit pas en l'absolu en se dissolvant, mais se fissure en elle-même. Si bien que la forme n'est plus un morceau rapporté à une totalité qui le rédime dans une synthèse, mais un morcellement qui éclate l'absolu, qui expérimente encore et encore l'impossibilité de faire Un, qui enfin « prend au sérieux l'inachèvement » plutôt que de mettre en balance l'achevé et l'inachevé.

Bien que ce ne soit pas explicite, l'ironie objective oblige en quelque sorte à inverser le rapport entre forme et critique. Dans l'ironie objective, l'immanence de la critique à l'œuvre n'est plus imputable à une différence entre un nouage réflexif autolimité – la forme – et la dissolution de cette limite dans l'infini – la critique. La limite est désormais devenue le nouage réflexif de l'apparence, et la différence se produit, non comme dissolution de la forme, ajustement de celle-ci à l'absolu, mais comme l'interruption de cette apparence à même la forme : l'ironie objective « représente la tentative paradoxale de continuer à travailler à la construction de l'œuvre par sa rupture : de démontrer dans l'œuvre même sa relation à l'Idée »[16]. Cette rupture contracte en elle la dimension de la critique, si bien que celle-ci n'est plus achèvement de l'œuvre que dans la mesure où elle est également son contraire, une interruption, un retournement de la forme contre elle-même, contre sa propre clôture.

En l'occurrence, il ne saurait plus être question d'une réconciliation du fini et de l'infini dans l'absolu, tout simplement parce que l'absolu en tant qu'idée de l'art n'est désormais plus rien, rien sinon la non-coïncidence de la forme à son apparence[17]. Bien que cela ne soit pas formulé directement par Benjamin dans ce passage de sa thèse, cette non-coïncidence fait revenir dans le champ de l'art cela même que les premiers romantiques en avaient évincé par l'absolutisation de la forme : le problème du contenu en art.

Ce que Benjamin repère sous l'espèce d'une « ironie objective » tend à détruire le principe synthétique de la forme, à couper dans l'unification réconciliatrice de la réflexion. En lieu et place d'un dédoublement inscrit dans la réflexivité de l'œuvre, entre sa finitude et son achèvement absolu, Benjamin a reporté ce que les romantiques appellent l'absolu de l'art dans les interruptions qui parcourent son apparence, en exposent les fissures.

Pour Benjamin, ces cassures de la forme en éclatant la cohérence, déchirent sa clôture réflexive. Peuvent se discerner alors, non pas l'intégrité d'un contenu, mais les sédiments de réel tenus captifs par ce principe de clôture.

■ 16. W. Benjamin, *Le Concept de critique esthétique*, *op. cit.*, p. 134 (traduction modifiée).
■ 17. Et voilà ce que Hegel doit aux premiers romantiques, par-delà sa critique acerbe de l'ironie subjective.

D'une certaine manière, ce quasi-concept d'ironie objective tire sa force de ce qu'il lève la difficulté à faire œuvre qui caractérisait le premier romantisme.

Si, suivant la piste benjaminienne, l'on considère l'ironie objective comme lucidité de cette dimension critique, alors son insistance sur le moment conceptuel ne signifie plus que la forme doive s'achever dans l'absolu. Cela signifie bien plutôt que l'immanence de la vérité à la forme prend une consistance paradoxale, au sens où vérité et forme ne sont plus connectées que par le plan qui les rend hétérogènes l'une à l'autre : elles sont connectées au travers des déliaisons morcelées du réel. C'est ce qui s'appellera, dans le lexique benjaminien ultérieur, une constellation.

L'art touche au vrai, non pas en le faisant apparaître dans une semblance, mais en disjoignant et en assemblant des morceaux épars de réel, en construisant leur tramage idéel dans l'élément de l'historicité. Il n'y a plus réflexivité d'un noyau idéel au sein d'une limitation formelle, mais hétérogenèse d'une conceptualité à même les disjonctions de la phénoménalité.

L'on voit bien là opérer une des forces du *Witz* conceptuel nommé « ironie objective ». Elle ne dissocie pas seulement forme et apparence, elle réintroduit la question du contenu autrement que ne le faisait l'ironie subjective. Désormais, le contenu procède d'une dissociation en série, entre apparence et forme, puis entre forme et vérité ; il revient en lambeaux, hors de toute logique de déterminabilité d'une matière (*Stoff*), hors de tout privilège du formalisme en art.

Dans le concept benjaminien de critique, le contenu en art fait retour sous l'espèce de morceaux opaques, qui ne sont des éléments pour l'art que parce qu'ils sont aussi des éléments détachés, morceaux de l'hétérogénéité du réel. Signifiant social, moment cognitif, marchand, aspect technique, trognon de jouissance : l'œuvre se trouve d'emblée aux prises avec un réel disloqué, qu'il lui revient de configurer. Et la critique qui fait droit au contenu n'atténue pas, mais intensifie cette désagrégation de la cohérence. Une telle critique se fait « mortification », dans les mots du Benjamin ayant ressaisi son propre décadrage du premier romantisme. En aggravant les dissociations de ces lambeaux de réel que rien ne rattache à l'art, en détruisant le principe synthétique de la forme, la critique appréhende la séparation d'avec l'absolu non plus comme une chute hors de la vérité, mais comme la vérité de l'historicité, laquelle actualise une « mort de l'intention »[18].

Du passage à la limite du paraître, conçu sous le nom de critique par les romantiques, Benjamin a tiré une nouvelle conséquence qu'il ne cessera de reformuler par la suite, à savoir que la vérité de l'œuvre procède des mises en relation intrinsèquement instables entre des aspects cognitifs, esthétiques, techniques, marchands, sociaux, politiques qui la constituent. Ces mises en relation attestent que l'esthétique est certes une composante nécessaire, mais insuffisante de l'art. Car la spécificité ontologique de l'art est d'inclure sa propre variabilité conceptuelle dans les constructions historiques de ses connexions.

■

■ 18. W. Benjamin, *Origine du drame baroque allemand*, op. cit., p. 33.

Au moment du plus fort amalgame entre art et esthétique, autour de 1800, il y a déjà une élucidation rigoureuse de leur disparité : c'est la critique romantique. Et au moment où Benjamin reprend l'idée de critique immanente aux œuvres élaborée par les romantiques, en 1921, il y inscrit un *Witz* – l'ironie objective – qui contracte en lui tous les éléments d'une théorie matérialiste de l'art.

Antonia Birnbaum

DOSSIER

Walter Benjamin critique

LA PILE WONDER NE S'USE QUE SI L'ON S'EN SERT

Michel Métayer

Si la pile Wonder ne s'use que si l'on s'en sert, comme l'affirme la réclame, qu'advient-il d'une œuvre d'art lorsqu'elle est lue, représentée, traduite ? Faut-il la maintenir dans un écrin ? À cette question Walter Benjamin répond que toute œuvre qui en mérite le nom possède au contraire une vie-continuée, que celle-ci peut connaître des formes diverses : au cours du temps, l'usure densifie l'œuvre. Formuler quelle est cette densification en rapport avec le temps où nous la connaissons, telle est la tâche du critique.

Tout objet, par suite d'une utilisation prolongée, de frottement ou d'agents extérieurs, devient hors d'usage. Inversement, s'il n'est pas utilisé, mais tenu au repos, il reste intact. C'est d'une logique aussi imparable que procède cette réclame des années 1930 : « La pile Wonder ne s'use que si l'on s'en sert »[1]. Affirmant haut et fort les qualités de leur pile, les publicitaires de la firme taisaient pourtant, ou simplement ignoraient, une dimension de l'objet : non seulement celui-ci est inscrit dans le temps et vieillit, mais le temps, à son tour, s'inscrit en lui. L'inscription du temps dans l'objet a pour conséquence que celui-ci porte en lui l'histoire de sa vie et de sa mort, donc : la pile Wonder s'use même si l'on ne s'en sert pas.

Et l'œuvre d'art ? À cette question Walter Benjamin donne une réponse affirmative. Tardivement, il est vrai, car le terme de « *Verschleiß* », qui en allemand désigne l'usure, n'apparaît qu'en 1934 au détour d'une remarque sur la photographie dans son texte « L'auteur comme producteur ». Il faut, dit-il, redonner à la photographie une écriture qui la tire de l'usure de la mode et lui procure une force révolutionnaire[2]. Quelques mois plus tard, le mot

---

1. *Cf.* la séquence filmée : www.youtube.com/watch ? v=NaPomO4Ec04.
2. W. Benjamin, *Essais sur Brecht*, trad. fr. P. Ivernel, édition et postface de R. Tiedemann, Paris, La fabrique, 2003, p. 134.

réapparaît dans le contexte d'une réflexion sur l'œuvre d'art : la rue, la foule produisent de l'usure ; le film, la photographie sont soumis à cette usure ; la mode en accélère le processus. Dans les notes préparatoires à *L'Œuvre d'art à l'ère de sa reproductibilité technique*, il écrit encore :

> Comme l'est à la longue l'art des Grecs [il s'agit de la statuaire], l'art actuel est dépendant de l'usure / Celle-ci est possible de deux manières : par son abandon à la mode ou par son instrumentalisation dans la politique[3].

Inscrivant l'art entre deux champs qui lui sont hétérogènes, la remarque détache l'usure de sa simple identification à la matérialité de l'œuvre ; elle souligne que l'usure concerne son concept même, notamment sa qualité d'original. — Ces phrases disparaîtront toutefois des versions rédigées.

Dans « La tâche du traducteur »[4], au tout début des années vingt, Benjamin évoque l'autre face : la survie de l'œuvre. Il propose un nouage entre usure et survie, déjouant l'association de la qualité d'une œuvre à sa capacité de durer. Sa transposition en une forme extérieure à elle-même, en une langue étrangère à sa configuration originale détache son histoire de celle dans laquelle elle est née. Le temps agit en elle comme un révélateur : telle parole, qui reçut à un moment donné une forme fixe, peut, en s'épuisant, révéler des tendances immanentes restées inaperçues. Ce sont ces rapports complexes entre survie et usure esquissés dans la traduction qui seront analysés dans le présent texte. De la survie à l'usure, de la traduction à la reproduction, un arc est tendu, englobant une quinzaine d'années d'écriture et de travaux divers du philosophe. Ces déplacements ne sont pas consécutifs à un changement d'objet d'étude, ils traduisent des glissements dans la conception benjaminienne de l'œuvre.

Parler d'œuvre d'art à propos de « La tâche du traducteur » pourrait sembler hors sujet. Il n'en est rien pourtant, car le corpus questionné dans ce texte est fort large. Dès la première phrase en effet, Benjamin situe son étude de la traduction dans un cadre plus général : il l'insère dans une large réflexion sur l'œuvre d'art et la forme artistique (*Kunstform*). En dehors de la fin du texte qui restreint le concept de traduction à son champ propre, la question de la traduction prend place dans le contexte global de l'art. L'auteur y détoure l'œuvre en affirmant successivement l'autonomie de l'art, son absence d'adresse, de dire (ou de message), il lie les rapports entre original et traduction à une qualité inhérente à l'original, et ce qui est dit des « formations langagières »[5] (*sprachliche Gebilde*) et de la traduisibilité présente une proximité avec ce qui se passe dans les formations du visible.

Survie

Dans « La tâche du traducteur », la survie des œuvres est nommée successivement par deux mots dont le sens diverge sensiblement. Le premier,

---

■ 3. W. Benjamin, *Werke und Nachlaß. Kritische Gesamtausgabe*, C. Gödde et H. Lonitz (dir.), t. 16 : *Das Kunstwerk im Zeitalter seiner technischen Reproduzierbarkeit*, B. Lindner (éd.), Berlin, Suhrkamp, 2012, p. 50 (notre traduction).

■ 4. W. Benjamin, *Œuvres*, trad. fr. M. de Gandillac, R. Rochlitz et P. Rusch, Paris, Folio-Gallimard, 2000, t. I, p. 244-262. Cette traduction, comme la plupart de celles figurant dans le présent article, a été modifiée.

■ 5. *Ibid.*, p. 246.

« *Überleben* », ou « survie », indique que la vie continue au delà d'un terme auquel elle aurait dû cesser, au delà de la mort, tandis que le second, « *Fortleben* », exprime une continuité excluant tout franchissement de terme ou de limite : c'est la « vie-continuée ». Benjamin écrit que « la traduction procède de l'original. Certes pas tant de sa vie que de sa "survie" [*Überleben*] »[6]. La seule occurrence de ce mot dans tout le texte a lieu dans cette phrase et, de surcroît, entre des guillemets.

Ces guillemets peuvent être appréhendés soit à partir de la distance qu'ils procurent soit dans leur fonction de citation. Distance par rapport à un terme que Benjamin considère comme inexact et qu'il va aussitôt remplacer par celui de « *Fortleben* » (vie-continuée) : la traduction ne serait pas une survie au sens propre, mais un « stade de vie-continuée de l'œuvre », comme il le précise plus loin. Ainsi serait posée une absence de rupture entre original et traduction : l'œuvre se poursuivrait, elle transmettrait à la traduction la « vie », sa propre vie, non de manière métaphorique, est-il souligné ensuite, mais – et le lecteur est quasiment invité à compléter par l'élément qui apparaît dans la phrase suivante – comme de manière corporelle-charnelle et organique[7] (*organische Leiblichkeit*, corporéité-de-chair organique). Les guillemets ouvrent aussi sur le second terme de l'alternative : la citation. Tenu ainsi à distance, le mot « survie » serait alors à saisir comme sa propre citation : en lui se réaliserait la survie d'une œuvre morte, que l'usage nomme « original ». L'original, à son tour, pourrait être un « stade de vie-continuée », une traduction. Cette seconde hypothèse ne sera pas explorée plus avant. Arrêtons-nous sur le premier terme de l'alternative, la survie de l'œuvre présentée comme vie-continuée.

Dès les premières lignes du texte, Benjamin pose l'axiome que « la traduction est une forme ». Par la traduction, l'œuvre change de forme, elle poursuit son existence sous une autre forme que la précédente, se métamorphose et en adopte une nouvelle qui lui est donnée par la langue au sein de laquelle elle va se loger. Ainsi accède-t-elle à une vie-continuée. La considérer de la sorte, explique-t-il, fait immédiatement référence à un caractère de l'original, sa traduisibilité, condition d'existence de sa traduction. Le terme de « traduisibilité », utilisé ici à dessein, signifie autre chose que la simple possibilité linguistique de traduire un texte, l'absence de difficulté de compréhension ou de translation dans l'autre langue. Il ne désigne pas le fait de trouver un traducteur adéquat, mais bien que le texte original admette une traduction et la désire[8]. Le mot « *Übersetzbarkeit* » (traduisibilité), composé à la manière de celui de « *Kritisierbarkeit* » (critiquabilité), est à rapprocher de celui-ci. Malgré des différences quant au mode opératoire de leur effectuation, les deux concepts, traduisibilité et critiquabilité, ont lien avec une même dimension de l'original : c'est l'original lui-même qui détermine de manière *a priori* sa vie-continuée. L'original est une forme première – ainsi le postule implicitement l'adoption du premier terme de

■ 6. *Ibid.*
■ 7. *Ibid.*, p. 247.
■ 8. L'utilisation faite ici de ce terme se distingue de celle qu'en fait Jacques Derrida dans « Des tours de Babel » (A. Cazenave et J.-F. Lyotard, *L'Art des confins. Mélanges offerts à Maurice de Gandillac*, Paris, 1985).

l'alternative – susceptible d'engendrer sa traduction et sa critique. Lorsque « La tâche du traducteur » précise que « la traduisibilité est essentiellement propre à certaines œuvres » et qu'« une signification déterminée qui est immanente aux originaux se manifeste dans leur traduisibilité »[9], Benjamin nous signifie que la traduisibilité représente une structure constitutive de l'œuvre. En d'autres termes, il n'existe pas d'œuvre sans traduisibilité, quelle que soit par ailleurs la manière dont celle-ci puisse se moduler, quelle que soit également la résistance linguistique que le texte offre à la traduction.

Benjamin a délibérément choisi de ne pas rapporter la traduction et la critique à l'homme, comme il a exclu de l'œuvre la perception humaine ainsi que toute considération empirique sur celle-ci. Cette dissociation constitue même la condition nécessaire pour que des éléments de l'œuvre révèlent leur « meilleure signification » : c'est en la seule essence des choses que résident leur traduisibilité comme leur potentialité de remémoration. Remémoration, traduisibilité ne relèvent pas des catégories du jugement ou de la raison, mais seulement des capacités intrinsèques de l'œuvre : seule la remémoration divine (*ein Gedenken Gottes*) sera à la mesure des capacités qui sont en elle. Remémoration et traduisibilité s'abstraient de l'historicité extérieure pour se soumettre à la leur propre, c'est-à-dire celle liée à l'appel de l'œuvre vers une vie-continuée.

Critiquabilité, traduisibilité

Les deux notions de critiquabilité et traduisibilité s'éclairent l'une l'autre. La critiquabilité a affaire, selon Benjamin, à une double détermination de l'œuvre. Dans le tout indissociable qui constitue cette dernière, teneur de vérité et teneur chosale sont initialement unies, mais se dissocient à mesure que l'œuvre dure. Dans son étude sur *Les Affinités électives* de Goethe, écrite dans le même temps que « La tâche du traducteur », Benjamin précise que le commentaire doit épuiser la teneur chosale pour en faire émerger la teneur de vérité, laquelle constitue l'objet de l'analyse critique. Il illustre le processus par l'image du bois qui se consume : le chimiste analyse cendre et restes, il fait un commentaire, tandis que l'alchimiste ne retient que la flamme légère qui brûle au-dessus des cendres car elle seule renferme l'énigme du vivant. Plus tard, dans un fragment de 1930, Benjamin, tout en conservant la différence entre les deux teneurs, ajoute que c'est seulement lorsque le commentaire aura dépassé les antinomies de l'œuvre, que la critique peut se révéler comme « pure fonction de la vie, ou de la vie-continuée de l'œuvre »[10]. Entre la traduction et l'analyse critique, entre les deux textes donc, la différence réside dans le rapport de ces formes au texte original. Dans la lecture que Benjamin fait des romantiques, il y a continuité entre le texte et la critique à la fois dans le travail du commentaire préparatoire à la critique, puis dans la manière dont la critique poursuit la vie du texte, déployant l'immanence de ses supports. La traduction, au contraire, est marquée par cette rupture que représente la

■ 9. W. Benjamin, *Œuvres*, t. I, *op. cit.*, p. 246.
■ 10. W. Benjamin, *Fragments philosophiques, politiques, critiques, littéraires*, trad. fr. C. Jouanlanne et J.-F. Poirier, Paris, P.U.F., 2001, p. 210.

différence entre les langues, entre des « manières de signifier » étrangères l'une à l'autre. La langue de l'original répercute sa littéralité dans la langue traduisante, celle-ci déplaçant à son tour ses propres limites. La traduisibilité se focalise sur les relations nouant les langues entre elles. La traduction en tant que passage d'une forme à une autre est d'une autre nature que la reproduction (*Abbild*). L'absence de similitude constitue même la condition de possibilité d'existence de la traduction : une similitude signifierait qu'il y a eu simple copie, et celle-ci ne pourrait transmettre la teneur de vérité de l'œuvre. Or, c'est elle qui importe. L'original a teneur et forme. Pour décrire cet ensemble que tous deux constituent dans l'original, Benjamin compare l'œuvre à un fruit : chair et peau y sont indissociables car les deux naissent et croissent ensemble. L'œuvre est un « ensemble de teneurs langagières », c'est ce que vise à produire un auteur, et sa langue y est « naïve, première, concrète »[11]. Dans la traduction en revanche, la langue nouvelle enveloppe la teneur de l'original « comme un manteau royal aux larges plis » : elle est « inadéquate, violente et étrangère »[12]. L'œuvre naît en un certain moment de l'histoire de la langue, tandis que la traduction transplante l'original dans un « domaine plus définitif de la langue »[13] : l'œuvre produit un rapport unifié, la traduction recrée ce rapport hors de cette unité en le reformulant en fonction de la « manière de signifier » propre à cette autre langue.

Benjamin ajoute que le domaine de la langue dans laquelle est transplanté l'original à travers la traduction est « – ironiquement – plus définitif ». Avec le comparatif s'immisce l'idée d'un progrès possible, vite relativisé et contredit par le paradoxe de l'enveloppe du manteau. Cette enveloppe, la langue traduisante, est en effet à la fois royale et « inadéquate, violente, étrangère », elle est une langue plus haute et en même temps plus précaire que l'œuvre. Elle est plus définitive car, ne pouvant engendrer d'autre traduction, elle représente une butée dans la langue, et ne pourra être supplantée que par une nouvelle traduction. L'image du manteau s'oppose à celle du fruit et de sa peau : le tout indissociable fruit-peau ne réapparaît pas dans le manteau. L'accent se déplace sur le manteau aux dépens du contenu, sur la langue comme faisant signe vers une pure langue aux dépens de l'intégrité du tout, langue et sens original. La forme de traduction se réalise paradoxalement : elle actualise la contingence des rapports que l'original avait pourtant créés comme étant organiquement soudés, tels le fruit et sa peau.

La traduction ne peut se fonder sur la similitude entre les langues, aussi proches soient-elles. Sur ce point, « La tâche du traducteur » s'abstrait de toute considération empirique et s'appuie sur la vie de la langue : les similitudes ne sont pas d'ordre historique (*historisch*), c'est-à-dire liées à leur évolution philologique, ainsi le français issu du latin, mais relèvent d'une convergence immanente en ce qu'elles veulent dire, de leur intention de faire signe vers une « pure langue ». D'où la nécessité de préciser l'historicité qui accompagne

■ 11. W. Benjamin, *Œuvres*, t. I, *op. cit.*, p. 254.
■ 12. *Ibid.*, p. 253.
■ 13. *Ibid.*

cette « pure langue ». La différence de relation entre les éléments qui existe au sein de l'original et de la traduction entraîne une différence quant à l'historicité et l'usure. La traduction renouvelle l'œuvre dans l'autre langue et la fixe en un certain stade de son évolution. Mais tandis qu'il y a congruence entre teneur et langue dans l'original, congruence dont il y aura toujours, en quelque moment de l'histoire, de nouvelles lectures possibles, la reformulation présente dans la traduction procède d'une désarticulation et en porte les traces. Si pour l'original il reste toujours une multiplicité de traductions possibles, il n'en est pas de même pour la traduction qui a figé l'original dans une forme s'avérant être définitive et stérile. L'original sera doué d'une possibilité éternelle de vie-continuée, alors que la traduction sera soumise à l'évolution, à l'érosion de la langue. Aussi y aura-t-il plusieurs traductions des grandes œuvres, lesquelles viendront, au sens où l'entendent les romantiques d'Iéna, se joindre à l'original. Mais chaque traduction sera stérile et ne pourra à partir d'elle donner lieu à d'autres traductions : la traduction, écrit Benjamin, « ne pourra jamais rien signifier pour l'original »[14]. Le chemin de l'original vers la traduction ne peut être parcouru que dans un sens : quels que soient les rapports entre l'original et la traduction, la réflexivité du rapport est impossible.

Vie-continuée et histoire

« La tâche du traducteur » porte en elle un double mouvement : l'original manifeste une exigence de son essence qui vise à faire survivre sa teneur, la vie-continuée de l'œuvre inscrit cette exigence dans sa propre histoire. Pour autant, le rapport à l'histoire mis en jeu dans la traduction des œuvres n'est pas univoque : il renvoie aux difficultés et aux oscillations que traverse Benjamin lorsqu'il tente de conceptualiser le rapport des œuvres à l'histoire. Deux ans seulement après « La tâche du traducteur », Benjamin revient en effet sur ce rapport et semble reverser l'œuvre du côté de l'éternité. En décembre 1923, il écrit à Florens Christian Rang ceci : « Du point de vue de ce qui est essentiel en elle [l'œuvre d'art], elle est ahistorique [*geschichtslos*] »[15]. L'adjectif mérite précision. Benjamin oppose l'œuvre à l'histoire continue, « extensive et essentielle » des peuples, qu'il caractérise par le rapport des générations, par l'enchaînement du développement, de la maturité, de la mort. L'histoire propre aux œuvres est « intensive », elle relève de l'interprétation :

> L'historicité spécifique des œuvres d'art […] ne se donne pas dans l'"histoire de l'art" mais seulement dans l'interprétation. Par l'interprétation apparaissent en effet des co-relations des œuvres entre elles qui sont intemporelles et cependant non dénuées d'importance historique[16].

Le caractère ahistorique des œuvres ne signifie pas qu'elles soient éternelles.

---

14. Au dernier paragraphe de « La tâche du traducteur » pourtant, Benjamin rend à Hölderlin un hommage qui infirme cette remarque : « [L]es traductions de Hölderlin, écrit-il, sont des images-origines [*Urbilder*] de leur forme ; leur rapport aux plus achevées même est celui d'image-origine [*Urbild*] à image-exemple [*Vorbild*], comme le montre la comparaison entre les traductions de la troisième ode pythique de Pindare par Hölderlin et par Borchardt » (W. Benjamin, *Œuvres*, t. I, *op. cit.*, p. 254).

15. W. Benjamin, *Correspondance*, t. I (*1910-1928*), édition établie et annotée par G. Scholem et T. W. Adorno, trad. fr. G. Petitdemange, Paris, Aubier Montaigne, 1979, p. 295.

16. *Ibid.*

Leur temporalité est repliée au sein des rapports qui les constituent. L'œuvre est appelée à s'actualiser à même les forces de la traduction. — Les considérations que fait ici Benjamin à propos du *Trauerspiel* baroque apportent un éclairage singulier sur la traduction. Usure et éternité ne s'opposent pas terme à terme : c'est en dehors de cette opposition qu'il faut au contraire saisir la logique de l'usure.

Lorsque Benjamin décide de préparer une étude sur la critique littéraire (1929-1930), il envisage de refonder celle-ci comme genre en dehors des catégories esthétiques et d'abolir le divorce existant entre critique et histoire littéraire : il s'agit pour lui, dans le cadre d'une critique matérialiste des œuvres, de les mettre en relation avec le temps. Ce faisant, il revient sur la vie-continuée de l'œuvre et la rapporte à la théorie du « rétrécissement »[17] (*Schrumpfung*) que Adorno développe dans son article « Neue Tempi » (1930). Adorno fustige là l'éternité de l'œuvre : vouloir qu'elle soit « ahistorique », écrit-il en reprenant le terme employé par Benjamin dans sa lettre à Rang, revient à lui faire réintégrer l'histoire en tant que « monument idéologique ». La véritable fidélité à l'œuvre est de l'interpréter telle que l'histoire la transmet, seule possibilité d'accéder à sa teneur de vérité. Les œuvres, ajoute-t-il, se rétrécissent avec le temps, leur teneur se densifie. Ce déplacement est tel qu'une fois leur surface impérieuse désagrégée, la musique atteint les strates sans éclat de leurs profondeurs. Loin de vieillir, les œuvres vivent au contraire selon une temporalité qui à chaque époque les actualise de nouveau. C'est cette actualisation que l'interprétation doit effectuer pour leur donner leur véritable historicité. Adorno, comme Benjamin, considère que l'usure est une valeur affirmative et constitutive de l'œuvre : c'est par son historicité interne, sa propre vie que l'œuvre accède à son actualité.

L'analyse que fait Adorno de la vie des œuvres rejoint celle de Benjamin, voire s'approprie pour une grande part le vocabulaire et les idées de celle-ci. Benjamin, à son tour, emprunte à Adorno le concept de « rétrécissement » et le met en relation avec sa propre « théorie de l'emballage » (*Theorie der Verpackung*) – dont le manteau, dans « La tâche du traducteur », est l'image. Il revient à la critique, dit-il, de compléter l'œuvre du temps par un « processus de démontage » (*Verfahren des Abmontierens*), processus qui « est à définir comme un retrait [*Eingehn*, c'est-à-dire une fusion] de la teneur de vérité dans la teneur chosale »[18]. Quelle que soit cependant la liaison que Benjamin conserve avec sa propre étude sur *Les Affinités électives* de Goethe (1921), il n'accorde plus à l'œuvre la pérennité qu'elle avait alors, mais fait de l'usure le critère de l'œuvre : « La loi de cette vie-continuée est le rétrécissement »[19]. Dans *L'Œuvre d'art*, il réfutera son éternité.

La distinction établie par Benjamin entre la survie (*Überleben*) et la vie-continuée (*Fortleben*) – et qui a été analysée plus haut – prend tout son sens dans sa critique de l'analyse marxiste des œuvres. Celle-ci reste extérieure à son objet d'étude, ne se solidarise pas avec la vérité de l'œuvre.

■ 17. W. Benjamin, *Fragments philosophiques, op. cit.*, p. 215.
■ 18. *Ibid.*
■ 19. *Ibid.*, p. 220.

Pour Benjamin, une critique qui étudie l'œuvre dans ses rapports avec le temps qui l'a vue naître, qui dégage sa teneur historique ou sociale comme témoignant d'une époque est nulle et non avenue : l'œuvre n'est pas un document et ne peut être utilisée comme tel, ainsi que le fait un Mehring[20]. Procéder de la sorte revient à ne faire qu'un travail de plongée mémoriale dans le passé. Mais cela revient aussi à ignorer le conflit dans lequel elle se trouvait avec son propre temps et, partant, à la considérer comme homogène à l'ordre qui régnait alors. Au contraire, analyser la vie-continuée de l'œuvre, c'est reprendre cet écart et le réinscrire dans le présent : ce caractère, qui dans « La tâche du traducteur » était implicite, devient patent au contact de la critique marxiste. « La critique de la critique littéraire matérialiste tourne tout entière autour du fait que ce côté "magique" sans jugement lui manque, qu'elle vient toujours (ou presque toujours) à bout de son secret »[21]. Voilà ce qui conduit Benjamin à prendre ses distances. L'ébauche de sa conclusion pour une étude sur la critique est en ce point claire : il postule tour à tour, et dans un ordre logique, une vie-continuée de l'œuvre, son rétrécissement inhérent à sa vie-continuée, le retrait concomitant de son caractère artistique, le dépassement du champ de l'esthétique en tant que catégorie, et enfin la nécessité d'une « critique magique »[22] comme approche. Dans sa théorie de la critique, Benjamin ne précise pas plus avant ce concept. C'est bien avant, lors de la préparation de sa thèse, et à travers la lecture de Novalis, qu'il a été conduit à s'interroger sur le mot « magique ». L'équivalent qu'il lui donne est alors « *un-mittel-bar* »[23], c'est-à-dire : non-média-tisable. Le mot, la langue portent en eux un « secret », ils font percevoir, mais ne disent, ne révèlent pas. De nouveau, rien ne précise ce qu'est ce secret. Benjamin laisse supposer qu'il est lié à la langue : ce que la langue communique n'est pas un contenu, mais elle-même, en tant qu'elle est l'essence des choses. C'est dans cette même logique, est-on conduit à penser, qu'il reprend dix ans plus tard ce terme de « magique » pour désigner une critique qui approche l'œuvre de l'intérieur d'elle-même, une critique qui, suggère Benjamin, se fond en l'œuvre, dans l'ensemble résultant de la fusion entre teneur de vérité et teneur chosale. Il va de soi que la possibilité d'une telle immanence présuppose l'absence de toute catégorie prédéfinie, de tout critère de jugement *a priori*. Elle est la condition d'une critique non souveraine, d'une critique qui fasse exister l'œuvre, multiplie ses signes d'existence, les tire de leur sommeil.

C'est de sa vie propre, de son histoire même que l'œuvre tient son actualité. Toujours la pensée de Benjamin a été traversée par cette question de l'actualité de l'œuvre. Ainsi, dès 1919, c'est-à-dire avant même « La tâche du traducteur », rédigeant une note à propos de la correspondance, il écrivait :

> Les « témoignages » appartiennent à l'histoire de la *vie-continuée* d'un individu, et c'est précisément à travers la correspondance qu'on peut étudier la manière dont la vie-continuée pointe avec sa propre histoire dans la vie.

■ 20. *Ibid.*, p. 214.
■ 21. *Ibid.*, p. 215.
■ 22. *Ibid.*, p. 220.
■ 23. W. Benjamin, *Gesammelte Briefe*, H. Lonitz et C. Gödde (éd.), Frankfurt am Main, Suhrkamp, 1995-2000, t. I (*1910-1918*), p. 326.

(Ce n'est pas le cas des œuvres, en elles vie et vie-continuée se mêlent, les œuvres sont au contraire comme une ligne de partage des eaux.) Pour ceux qui viennent après, l'*échange* des lettres se densifie de manière particulière (alors que la lettre *isolée*, dans la relation avec son auteur, peut perdre en vie) : les lettres, telles qu'on les lit les unes après les autres à de très courtes distances, se modifient objectivement sous l'effet de leur vie propre. Elles vivent selon un rythme autre qu'au temps où leurs destinataires vivaient, et du reste même elles se transforment[24].

Michel Métayer

■ 24. W. Benjamin, *Gesammelte Schriften*, avec le concours de T. W. Adorno et G. Scholem, R. Tiedemann et H. Schweppenhäuser (éd.), Frankfurt am Main, Suhrkamp, 1972-1989, t. VI, p. 95 (notre traduction).

DOSSIER

Walter Benjamin critique

UNE CRITIQUE « EXEMPLAIRE » : *LES AFFINITÉS ÉLECTIVES* DE WALTER BENJAMIN

Jacques-Olivier Bégot

Suivant les principales articulations de l'étude consacrée aux *Affinités électives*, l'article montre en quel sens elle constitue la mise en œuvre proprement « exemplaire » de la critique telle que la redéfinit Benjamin. Issue aussi bien de la confrontation avec le modèle romantique que de la récusation de la poétique du *George-Kreis*, cette conception assigne pour tâche à la critique de mettre au jour la « teneur de vérité » de l'œuvre. Ce dégagement de la vérité, qui prend la forme d'une « césure », implique la mise en pièces de l'emprise du « mythe » sous toutes ses formes, y compris le mythe de l'œuvre comme « belle apparence ».

Positions et présupposés de la critique – à partir du romantisme

Lorsqu'il vient, sous la plume de Benjamin, qualifier la longue étude consacrée aux *Affinités électives*, l'adjectif « exemplaire »[1] ne distingue pas seulement un échantillon choisi de façon plus ou moins arbitraire, parmi tant d'autres qui pourraient être tenus pour équivalents, il fait bien plutôt ressortir l'ambition d'un travail qui ne vise à rien de moins qu'à fixer une sorte de « modèle critique », pour reprendre une expression d'Adorno – autant dire

CAHIERS PHILOSOPHIQUES ▶ n° 156 / 1er trimestre 2019

■ 1. Lettre à Gershom Scholem, 8 novembre 1921, dans W. Benjamin, *Correspondance*, t. I (*1910-1928*), trad. fr. G. Petitdemange, Paris, Aubier-Montaigne, 1979, p. 258 ; *Gesammelte Briefe*, vol. 2 (*1919-1924*), Ch. Gödde et H. Lonitz (éd.), Frankfurt am Main, Suhrkamp, 1996, p. 208 (cette édition sera désormais désignée par l'abréviation « GB »). Sur cette dimension d'« exemplarité », voir l'étude d'U. Steiner, « Exemplarische Kritik. Anmerkungen zu Benjamins Kritik der *Wahlverwandtschaften* », dans H. Hühn, J. Urbich, U. Steiner (dir.), *Benjamins Wahlverwandtschaften. Zur Kritik einer programmatischen Interpretation*, Berlin, Suhrkamp, 2015, p. 37-67.

qu'il jette les bases de ce que Benjamin reconnaîtra, près de dix ans plus tard, comme son ambition quant à la critique, soit « la créer comme genre »[2].

Initialement, la critique des *Affinités électives* était destinée à la revue *Angelus Novus*, qui ne dépassa pas le stade du projet, mais dont Benjamin avait déterminé les orientations principales dans un texte d'annonce qui éclaire la haute idée qu'il se faisait de la critique. Refusant que les comptes rendus critiques figurent dans une section séparée et soient relégués à la fin de chaque numéro, Benjamin revendique la nécessité de « reconquérir la force de la parole critique »[3]. Une telle « reconquête » ne passe pas simplement par la critique qualifiée de « destructrice », chargée de réduire à néant toutes les productions qui font obstacle à l'avènement du « nouveau » que la revue « annonce », s'il est permis de donner une telle interprétation de son titre, emprunté au tableau de Klee dont Benjamin venait de faire l'acquisition. La parole critique comporte également une part « positive », qui lui prescrit, « plus que jusqu'ici, plus aussi que n'ont réussi à le faire les romantiques, de s'astreindre à ne parler que de l'œuvre d'art singulière ».

> La parole critique comporte également une part « positive »

C'est cette seconde forme de critique qui donne à Benjamin l'occasion de caractériser « la tâche de la grande critique », tout en corrigeant au passage un préjugé répandu :

> Car, contrairement à ce que l'on croit, la tâche de la grande critique n'est ni d'enseigner au moyen de l'exposé historique ni de former l'esprit au moyen de la comparaison, mais de parvenir à la connaissance en s'abîmant dans l'œuvre. Il lui incombe de rendre compte de la vérité des œuvres, comme l'exige l'art autant que la philosophie[4].

Suspendue à la visée d'une « connaissance », voire à l'exposition d'une « vérité », la critique se voit ainsi reconnaître une dignité sans équivalent depuis le romantisme, puisque Benjamin la place au même niveau que l'art et la philosophie. Telle est du moins l'ambition de la critique des *Affinités électives*, qui s'efforce de donner à ce programme une réalisation « exemplaire ».

La référence insistante au romantisme, dans cette annonce qui constitue en quelque sorte le pendant du « Programme de la philosophie qui vient »[5], rappelle que ce projet (y compris le travail sur le roman de Goethe qui en est l'un des

■ 2. Lettre à Gershom Scholem, 20 janvier 1930, dans W. Benjamin, *Correspondance*, t. II (*1929-1940*), trad. fr. G. Petitdemange, Paris, Aubier-Montaigne, 1979, p. 28 ; *GB*, vol. 3, p. 502. L'édition initiale de la correspondance portait, pour ce passage d'une lettre que Benjamin a écrite en français, « la recréer comme genre ». Je retiens le texte corrigé procuré par Ch. Gödde et H. Lonitz.

■ 3. W. Benjamin, « Annonce de la revue *Angelus Novus* », trad. fr. R. Rochlitz, dans *Œuvres*, t. I, Paris, Gallimard, « Folio-essais », 2000, p. 268 (je modifie la traduction de *Wort*) ; « Ankündigung der Zeitschrift : *Angelus Novus* », *Gesammelte Schriften*, t. II/1, R. Tiedemann et H. Schweppenhäuser (éd.), Frankfurt am Main, Suhrkamp, 1977, p. 242 (désormais cité sous la forme *GS*, II/1, 242). L'histoire du projet est retracée dans l'apparat critique, voir *GS*, II/3, 981-997.

■ 4. *Ibid.*

■ 5. Dans ce texte rédigé au début de l'année 1918 mais publié pour la première fois en 1963 seulement, à titre posthume, Benjamin avait tracé les linéaments d'un vaste projet philosophique auquel il renonça par la suite, après avoir pris ses distances à l'égard de l'idée même de système.

piliers) intervient, au sein de l'itinéraire de Benjamin, dans le prolongement direct de sa traversée du romantisme, couronnée par la rédaction d'une thèse portant sur « le concept de *Kunstkritik* dans le romantisme allemand »[6]. Bien plus qu'une enquête historique destinée à la communauté universitaire (même si la thèse reçut la plus haute mention), le travail de Benjamin répond à un faisceau de préoccupations dictées par la situation présente. La conception romantique de la critique y apparaît à la fois comme le socle de toute critique digne de ce nom et comme le moyen de remédier à la misère de la critique contemporaine, cette « pratique dévoyée et sans finalité propre »[7] qui se voit brocardée dans le bref texte de présentation de sa thèse que Benjamin rédige pour les *Kant-Studien*. Du romantisme, Benjamin retient en particulier une idée qu'il élève au rang de « principe cardinal [...] de toute activité critique », à savoir « le jugement des œuvres selon des critères immanents »[8] – ce qui revient à exclure toute application à l'œuvre singulière de critères poétiques extérieurs ou encore de valeurs morales hors de propos. Et lorsqu'il s'agit, quelques années plus tard, de fixer les orientations que devra suivre *Angelus Novus*, la seule revue qui mérite, aux yeux de Benjamin, d'être mentionnée à titre de précédent, sinon de modèle, n'est autre que l'*Athenaeum*, l'organe emblématique du romantisme d'Iéna.

Si le long texte consacré aux *Affinités électives* est destiné à mettre en œuvre ce programme critique démarqué du romantisme, s'il vise, en d'autres termes, à faire la preuve, par l'exemple et en un sens quasiment « expérimental »[9], de sa fécondité, pourquoi choisir ce roman de Goethe ? Une fois dissipée la surprise, le lecteur mesure à quel point un tel choix se révèle en fait éminemment stratégique. Se plongeant dans les *Affinités électives*, Benjamin est conscient de se confronter à une œuvre qui figure, un peu plus d'un siècle après sa parution en deux volumes à l'automne 1809, au firmament du patrimoine littéraire allemand, comme l'une des réalisations les plus achevées du classicisme. Dans sa récente *Esthétique*, Hermann Cohen avait ainsi élevé le roman de Goethe au rang de « type idéal du genre »[10], avant que Thomas Mann, dans un texte exactement contemporain de celui de Benjamin, ne le célèbre comme « le plus grand des romans allemands »[11].

Pour les lecteurs de la thèse de Benjamin, le choix des *Affinités électives* peut s'expliquer par une motivation supplémentaire : n'est-ce pas en rendant

■ 6. W. Benjamin, *Le Concept de critique esthétique dans le romantisme allemand,* trad. fr. Ph. Lacoue-Labarthe et A.-M. Lang, Paris, Flammarion, 1986 ; « Der Begriff der Kunstkritik in der deutschen Romantik », *GS*, I/1, 7-122. Voir également l'édition plus récente procurée par U. Steiner, *Werke und Nachlaß. Kritische Gesamtausgabe,* vol. 3 : *Der Begriff der Kunstkritik in der deutschen Romantik,* U. Steiner (éd.), Frankfurt am Main, Suhrkamp, 2008 (désormais noté *WuN*). Sur la traduction de *Kunstkritik*, voir la contribution d'Antonia Birnbaum à ce dossier.

■ 7. Ce document est publié en appendice à la traduction française, *Le Concept de critique esthétique, op. cit.,* p. 180 ; *GS*, I/2, 708 ; *WuN*, 3, 161.

■ 8. *Ibid.,* p. 115 ; *GS*, I/1, 72 ; *WuN*, 3, 77-78.

■ 9. Le terme caractérise, dans la thèse, la critique romantique, que Benjamin définit comme « une sorte d'expérimentation faite sur l'œuvre d'art » (*ibid.,* p. 107 ; *GS*, I/1, 65 ; *WuN*, 3, 70).

■ 10. H. Cohen, *Ästhetik des reinen Gefühls,* t. II, Berlin, B. Cassirer, 1912, réédition dans *Werke,* vol. 9, Hildesheim, G. Olms, 1982, p. 123.

■ 11. T. Mann, « Sur *Les Affinités électives* » [1925], dans *Les Maîtres,* trad. fr. J. Naujac, Paris, Grasset, 1979, p. 93. L'éloge se poursuit en ces termes : « C'est le plus grand de nos romans [...] : une création mondiale, tout autant qu'allemande, une merveille par la réussite et la pureté de sa composition, la richesse de ses connexions, son enchaînement, sa cohérence ».

compte d'un autre roman de Goethe, en l'occurrence des *Années d'apprentissage de Wilhelm Meister*, que Friedrich Schlegel avait tenté de mettre en œuvre le nouveau modèle critique dont se réclame l'ensemble de l'*Athenaeum*? À ce compte, la proximité avec le romantisme n'exclurait nullement la présence d'une certaine forme de rivalité, voire de contestation. Si le rapport entre ces deux manifestes critiques « exemplaires » reste largement implicite, il est trahi par la proximité des expressions employées par les deux critiques : tandis que le compte rendu du *Meister* publié dans l'*Athenaeum* en 1798 saluait dans le récent roman de Goethe ce livre « absolument nouveau et le seul que l'on ne puisse comprendre qu'à partir de lui-même [*dieses schlechthin neue und einzige Buch, welches man nur aus sich selbst verstehen lernen kann*] »[12], Benjamin, lorsqu'il tente de caractériser, dans un curriculum vitae de 1928, l'orientation directrice de sa propre critique, recourt à des termes qui sont quasiment ceux de son prédécesseur. Ne s'agissait-il pas pour lui d'« éclairer une œuvre entièrement à partir d'elle-même [*ein Werk durchaus aus sich selbst heraus zu erleuchten*] »[13]?

Ce premier *agôn* avec Friedrich Schlegel dissimule une autre confrontation, plus secrète mais non moins décisive, avec Goethe lui-même. Saisissant l'occasion de la publication de sa thèse sous forme de livre, Benjamin lui ajoute un « appendice » qui prolonge l'étude du concept de critique tel que les romantiques l'avaient élaboré. L'approfondissement prend la forme d'une confrontation avec les positions diamétralement opposées qui sont celles de Goethe : alors que les auteurs de l'*Athenaeum* partent du principe que toute œuvre digne de ce nom est foncièrement « critiquable », « la théorie goethéenne de l'art est en revanche tout entière commandée par son intuition du caractère non critiquable des œuvres »[14]. Écrivant un texte qu'il caractérise lui-même comme une « critique des *Affinités électives* »[15], Benjamin entre donc en contradiction frontale avec la position de Goethe. Il s'agit sans doute moins, pour le critique, de céder à la tentation de transgresser l'interdit édicté par le grand écrivain que de mettre à l'épreuve certains des présupposés théoriques, épistémologiques et philosophiques, de la théorie goethéenne de l'art, comme l'annonce une note placée en pierre d'attente à l'ouverture du dernier chapitre de la thèse[16].

De fait, la même lettre à Scholem où la critique des *Affinités électives* est qualifiée d'« exemplaire » ajoute cette précision d'importance : ce texte est aussi, pour Benjamin, une « préparation à certaines théorisations purement

12. F. Schlegel, « Über Goethes Meister », dans *Kritische Friedrich-Schlegel-Ausgabe*, vol. II, « Charakteristiken und Kritiken I (1796-1801) », H. Eichner (éd.), München-Paderborn-Wien, F. Schöningh, 1967, p. 133. Ce passage est cité par Benjamin dans *Le Concept de critique esthétique dans le romantisme allemand, op. cit.*, p. 115 ; *GS*, I/1, 72 ; *WuN*, 3, 78.

13. W. Benjamin, *Écrits autobiographiques*, trad. fr. Ch. Jouanlanne et J.-F. Poirier, Paris, Christian Bourgois, 1994, p. 28 ; *GS*, VI, 216.

14. W. Benjamin, *Le Concept de critique esthétique, op. cit.*, p. 166 ; *GS*, I/1, 110 ; *WuN*, 3, 121. Dans d'autres domaines en revanche, Goethe et les romantiques s'accordent (voir la note 14 du même texte de Benjamin, p. 98-99 ; *GS*, I/1, 59-60 [note 144] ; *WuN*, 3, 65).

15. W. Benjamin, Lettre à Gershom Scholem, 25 janvier 1922, *GB*, 1, 236 (lettre absente de l'édition française de la *Correspondance*).

16. *Cf.* W. Benjamin, *Le Concept de critique esthétique, op. cit.*, p. 165 (note 1) ; *GS*, I/1, 110 (note 300) ; *WuN*, 3, 121.

philosophiques »[17]. C'est en repartant de l'appendice ajouté à la thèse sur le romantisme que ces enjeux se précisent. La densité et la forme souvent elliptique de ces pages signalent un changement de registre délibéré, comme en témoigne cet extrait d'une lettre où Benjamin confie à Ernst Schoen que cette « postface ésotérique », manifestement en excès sur l'ordinaire de la prose universitaire, est destinée à ceux des lecteurs de sa thèse « à qui j'aurais à la livrer comme témoin de *mon* travail »[18]. Si provisoires que soient ces développements, un point semble acquis pour Benjamin : dans le différend qui oppose Goethe aux romantiques quant à la légitimité de la critique, la question n'est pas de se rallier à l'une ou l'autre position. La référence à la conception de Goethe n'a pas même vocation à remédier aux insuffisances de la théorie romantique de l'art, puisque toutes deux (bien qu'elles reposent sur des présupposés radicalement inconciliables) finissent par achopper sur un problème commun, qui constitue aux yeux de Benjamin « le pur problème de la critique esthétique [*das reine Problem der Kunstkritik*] »[19]. L'enjeu n'est autre que le rapport de l'œuvre singulière au tout de l'art, son articulation à ce que Goethe et les romantiques nomment respectivement les « archétypes » et « l'absolu ». Dans cet « appendice » proprement décisif, il s'agit donc de mener l'antinomie jusqu'au point où la perspective « historico-problématique » adoptée dans *Le Concept de critique esthétique* découvre, parvenue à sa pointe la plus avancée, la nécessité d'une recherche *systématique* encore à venir et dont l'approfondissement excéderait les limites de l'ouvrage. Évoquant « la question systématique fondamentale de la philosophie de l'art », les dernières pages du livre se tiennent résolument sur ce « seuil [*Schwelle*] » qui sépare l'histoire du système :

C'est au seuil de cette question que doit s'arrêter la présente recherche [littéralement : la présente recherche ne peut « transgresser [*überschreiten*] » ce seuil] : elle ne pouvait mener un complexe historico-problématique que jusqu'au point où il fait signe en toute clarté vers une connexion systématique[20].

Si la critique des *Affinités électives* répond donc à la fois aux perspectives esquissées à la fin de la thèse et aux orientations programmatiques fixées à la revue *Angelus Novus*, il est un point sur lequel le choix de Benjamin demeure déroutant. Se situant délibérément sur un plan philosophique où il s'agit de déterminer « ce qui fait l'essence d'une revue », entendue comme « expression vitale d'un certain esprit », le texte d'annonce formule ainsi la tâche fixée à toute revue qui refuse de se satisfaire de la futilité propre aux quotidiens : « La

---

■ 17. W. Benjamin, Lettre à Gershom Scholem, 8 novembre 1921, dans *Correspondance, op. cit.*, t. I, p. 258 (trad. mod.); *GB*, 2, 208.

■ 18. W. Benjamin, Lettre à Ernst Schoen, mai 1919, *ibid.*, p. 194; *GB*, 2, 26. De même, dans la note de lecture destinée aux *Kant-Studien*, c'est à partir de ce chapitre final, dont plusieurs extraits sont simplement cités, que l'ensemble du travail se voit présenté.

■ 19. W. Benjamin, *Le Concept de critique esthétique, op. cit.*, p. 165 (trad. mod.); *GS*, I/1, 110; *WuN*, 3, 121. Plus loin, Benjamin résume l'opposition en ces termes : « La relation des œuvres d'art à l'art, les romantiques la déterminent comme infinité dans l'universalité – ce qui veut dire : dans l'universalité des œuvres s'accomplit l'infinité de l'art; Goethe, lui, la détermine comme unité dans la multiplicité – ce qui veut dire : dans la multiplicité des œuvres se retrouve indéfiniment l'unité de l'art » (*ibid.*, p. 173-174; *GS*, I/1, 117; *WuN*, 3, 128).

■ 20. *Ibid.*, p. 174; *GS*, I/1, 117; *WuN*, 3, 128. À deux reprises, Benjamin emploie le mot *Zusammenhang*, traduit successivement par « complexe » et par « connexion ».

véritable destination d'une revue est de témoigner de l'esprit de son époque. L'actualité de cet esprit importe plus, à ses yeux, que son unité ou sa clarté elles-mêmes »[21]. La référence à l'*Athenaeum* que Benjamin ajoute aussitôt est assurément éclairante, mais paraît fragiliser sa propre ambition : lorsque Friedrich Schlegel consacrait une critique « exemplaire » au *Meister*, salué dans un fragment célèbre de l'*Athenaeum*, aux côtés de la Révolution française et de la *Doctrine de la science* de Fichte, comme l'une des « grandes tendances de l'époque », le roman, publié à peine trois ans auparavant, appartenait encore à l'« actualité » la plus récente. En quoi une critique des *Affinités électives*, à plus d'un siècle de distance, était-elle néanmoins en mesure, aux yeux de Benjamin, d'illustrer « la véritable destination d'une revue » ? Un passage de la thèse où Benjamin situe sa propre enquête « historico-problématique » au regard du présent, permet de le comprendre : « Aujourd'hui encore, cet état de la philosophie allemande de l'art, tel qu'il se présente, autour de 1800, dans les théories de Goethe et des premiers romantiques, est légitime »[22]. Cette affirmation trouve de nombreux échos dans la correspondance, où Benjamin ne cesse de réaffirmer cette conviction que la configuration du problème de la critique « autour de 1800 » a valeur d'origine : « C'est du concept romantique de critique qu'est sorti son concept moderne »[23].

À ce présupposé, la critique des *Affinités électives* ajoute un argument supplémentaire. Benjamin saisit l'occasion de l'analyse du roman de Goethe pour mener une vigoureuse polémique contre le monumental *Goethe* publié par Friedrich Gundolf en 1916. Au-delà, c'est à Stefan George lui-même que Benjamin se mesure. Si, dans la thèse, le nom du poète était mentionné, presque en passant, aux côtés de Flaubert, comme l'un de ceux dont la « théorie de l'art » ne saurait s'éclairer qu'à partir du romantisme[24], l'annonce de la revue *Angelus Novus* infléchit cette référence dans un sens plus polémique : tout en reconnaissant que l'œuvre de Stefan George représente un « ultime enrichissement de la langue allemande », Benjamin néglige de mentionner les deux revues publiées par le Cercle et ajoute ce verdict assassin dirigé à la fois contre le maître et contre son « école » :

> Or, s'il ne faut pas attendre grand-chose d'une école dont l'effet le plus durable est, on le verra bientôt, d'avoir énergiquement mis en lumière les limites d'un grand maître, la mécanique manifeste de la production la plus récente ne permet pas de faire confiance à la langue de ses poètes[25].

■ 21. W. Benjamin, « Annonce de la revue *Angelus Novus* », *op. cit.*, p. 266-267 ; *GS*, II/1, 241.
■ 22. W. Benjamin, *Le Concept de critique esthétique*, *op. cit.*, p. 174-175 ; *GS*, I/1, 117 ; *WuN*, 3, 128-129.
■ 23. W. Benjamin, Lettre à Ernst Schoen, 8 et 9 novembre 1918, dans *Correspondance*, t. I, *op. cit.*, p. 186-187 ; *GB*, 1, 486-487.
■ 24. « Voudrait-on ramener à ses principes fondamentaux la théorie esthétique [*Kunsttheorie*] d'un maître aussi éminemment conscient que Flaubert, ou bien celle du Parnasse ou du cercle de George, ce sont les principes mêmes qui viennent d'être exposés que l'on retrouverait. » (W. Benjamin, *Le Concept de critique esthétique*, *op. cit.*, p. 158 ; *GS*, I/1, 107 ; *WuN*, 3, 116).
■ 25. W. Benjamin, « Annonce de la revue *Angelus Novus* », *op. cit.*, p. 269 ; *GS*, II/1, 243. Ce « bientôt » renvoie-t-il au cours de l'histoire à venir, ou bien annonce-t-il, plus précisément, la polémique contre Gundolf menée dans le texte consacré aux *Affinités électives* ? Sur cette constellation, voir T. Isermann, « Stern der Liebenden. Zum Motivkomplex "George" in Benjamins Essay "Goethes Wahlverwandtschaften" » et G. R. Kaiser, « Die "rechtskräftige Aburteilung und Exekution des Friedrich Gundolf". Polemik im *Wahlverwandtschaften*-Essay », dans H. Hühn, J. Urbich, U. Steiner (dir.), *Benjamins Wahlverwandtschaften*, *op. cit.*, resp. p. 272-293 et p. 294-316.

Relue à la lumière de cette confrontation, la critique des *Affinités électives* fait voler en éclats le cadre de l'histoire littéraire et se charge bel et bien d'une actualité explosive.

Déclinaisons du mythe

Du romantisme au Cercle de Stefan George en passant par la visée du système, le « retour à Goethe » qu'effectue la longue critique des *Affinités électives* paraît donc pour le moins surdéterminé. Au regard de la multiplicité et de la diversité de tels enjeux, l'unité et la cohérence du texte de Benjamin n'en sont que plus remarquables. Soigneusement méditée et minutieusement agencée (les documents préparatoires et les brouillons en conservent la trace), la composition du texte suit un mouvement dialectique rigoureux en trois temps, au sein desquels Benjamin a choisi d'effacer le détail des articulations et de renoncer aux notes de bas de page initialement prévues, pour donner à son texte une impressionnante compacité, au risque d'en rendre l'accès singulièrement escarpé. Cette opacité s'éclaire pourtant à partir d'un foyer où convergent les différents enjeux poursuivis par Benjamin et que désigne le terme de mythe.

Abordant *Les Affinités électives*, Benjamin se sait précédé par une longue tradition d'interprétations qui est loin d'être unanime, le roman ayant provoqué, chez ses premiers lecteurs, des débats passionnés quant à sa « moralité » : en mettant en scène l'attraction exercée sur le quatuor des protagonistes par la puissance des « affinités électives », Goethe a-t-il voulu mettre en question le sacrement du mariage, ou bien plutôt mettre en garde le public de ses lecteurs (et lectrices) par le récit de la catastrophe qui s'abat sur les personnages dès lors qu'ils s'écartent du droit chemin de la vie conjugale ? Face à cette controverse, le parti pris adopté par Benjamin est exemplaire, et il sera maintenu jusque dans les thèses « Sur le concept d'histoire » : « À chaque époque, il faut chercher à arracher de nouveau la tradition au conformisme qui est sur le point de la subjuguer »[26]. De Goethe à Baudelaire, la démarche de Benjamin demeure inflexible : s'il est indispensable de prendre en compte l'histoire de la réception d'une œuvre, ce n'est pas parce que cette tradition serait investie d'une autorité incontestable, mais parce qu'elle est le moyen le plus efficace de dissiper l'illusion d'un accès « immédiat » aux œuvres, qui parviennent à chaque nouvelle époque médiatisées par la série de leurs transformations successives. En dernière analyse, l'appropriation des œuvres du passé suppose la destruction des formes dominantes de leur transmission[27].

■ 26. W. Benjamin, « Sur le concept d'histoire », § VI, trad. fr. M. de Gandillac, revue par P. Rusch, dans *Œuvres*, t. III, *op. cit.*, p. 431 ; *GS*, I/2, 695 ; *WuN*, 19, 33.

■ 27. Ce point, dont les conséquences épistémologiques mériteraient un traitement à part, exclut de faire de Benjamin, sans plus de précautions, l'un des précurseurs d'une « esthétique de la réception » à la manière de Hans Robert Jauss. Il devrait également permettre d'en finir avec les récupérations régressives, nostalgiques ou franchement rétrogrades, qui tentent de rallier Benjamin à la cause du « devoir de mémoire », oubliant que le geste de la *Rettung*, de la « sauvegarde » ou plutôt du « sauvetage », ne « garde » précisément rien sain et « sauf », mais n'a lieu qu'au prix d'une destruction de la tradition dominante, ce qui est sauvé l'étant d'abord et avant tout de la forme mutilée sous laquelle il a été transmis. Une note des *Passages* le dit lapidairement, mais sans équivoque : il n'est d'autre façon de « sauver les phénomènes » que « lorsqu'on met en évidence chez eux la fêlure » (W. Benjamin, *Paris, capitale du XIXe siècle. Le Livre des Passages*, fragment [N 9, 4], trad. fr. J. Lacoste, Paris, Le Cerf, 1989, p. 491 ; *GS*, V/1, 591).

Pour construire cette lecture à contre-courant de la tradition et faire apparaître l'enjeu des *Affinités électives*, Benjamin s'appuie sur le principe d'immanence repris du romantisme, qui lui permet, selon un paradoxe qui n'est qu'apparent, de ne pas en rester au niveau de la plus plate paraphrase du contenu du roman. Suivant l'exemple de Schlegel, Benjamin pratique la critique immanente sur le mode d'une critique « structurale »[28] avant la lettre, attentive à l'ensemble des relations que les différents éléments de l'œuvre entretiennent non seulement les uns avec les autres, mais aussi avec la totalité du roman. Contre tous les lecteurs pressés de faire des déclarations de Mittler, l'inlassable apologiste du mariage, le dernier mot de l'auteur sur la question, le critique n'a guère de mal à faire ressortir toute l'ironie dont le narrateur des *Affinités électives* accable ce célibataire qui ne cesse de célébrer les vertus du mariage avec autant d'obstination bornée que de « mauvais goût »[29]. De même, Benjamin reproche aux comptes rendus critiques d'Abeken et de Solger, qui avaient pourtant reçu l'approbation de Goethe lui-même, de chercher à saisir le sens du roman à partir de la seule figure d'Odile, au lieu de s'appuyer sur « l'ensemble de ce qu'expose le roman »[30].

La conclusion qui en découle place la critique sur un terrain tout à fait neuf : « En aucun sens le mariage ne peut constituer le centre [*Zentrum*] du roman »[31]. La dissolution du couple formé par Charlotte et Édouard et ses funestes conséquences ne sont, aux yeux de Benjamin, que l'aspect le plus superficiel du problème abordé par Goethe dans *Les Affinités électives*, qui sont donc bien plus qu'une fable sur le mariage. Tous les débats sur la « moralité » du roman se voient ainsi renvoyés à leur insignifiance, au profit d'un autre ordre de questions : loin de contribuer à « fonder le mariage », l'intrigue du roman est destinée à « montrer les forces qui procèdent de lui lorsqu'il tombe en ruine », ces forces que Benjamin qualifie de « mythiques »[32]. Telle est la « thèse » que déploie le premier moment de l'analyse : « Le mythique est le contenu concret de ce livre : son sujet apparaît comme un jeu d'ombres mythique, dont les figures sont vêtues de costumes de l'époque goethéenne »[33]. Introduite dès l'ouverture de l'essai, la notion de *Sachgehalt* montre ici toute sa fécondité : si la mise en évidence du « contenu concret » est bien l'horizon du « commentaire », dont la méthode et l'inspiration relèvent de la philologie et que Benjamin distingue expressément de la « critique » (qui a quant à elle l'ambition de dégager la « teneur de vérité » de l'œuvre), cela ne signifie pas que le commentaire soit voué à une redite fastidieuse. Comme le montrent au contraire les premières pages du texte de Benjamin, c'est vers ce « contenu » ou vers cette « teneur » (*Gehalt*) que convergent

---

28. J.-M. Schaeffer a mis en relief cet aspect de la critique romantique dans sa « Présentation » du texte de Schlegel, *Sur le « Meister » de Goethe*, trad. fr. C. Hary-Schaeffer, Paris, Hoëbeke, 1999, p. 15-18.

29. Voir l'analyse des discours de Mittler dans la première partie du texte (W. Benjamin, « *Les Affinités électives* de Goethe », trad. fr. M. de Gandillac, revue par R. Rochlitz, dans *Œuvres*, t. I, *op. cit.*, p. 280-283 ; *GS*, I/1, 129-131).

30. *Ibid.*, p. 299 ; *GS*, I/1, 140.

31. *Ibid.*, p. 376 ; *GS*, I/1, 189. Un peu plus loin, Benjamin précise que le mariage « n'est pas centre, mais moyen [*nicht die Mitte, sondern Mittel*] » (*ibid.*).

32. *Ibid.*, p. 282 ; *GS*, I/1, 130. Cette image des « forces que déchaîne la rupture du mariage » est reprise plus loin (*ibid.*, p. 298 ; *GS*, I/1, 139).

33. *Ibid.*, p. 300 ; *GS*, I/1, 140-141.

de nombreux éléments isolés qu'une lecture superficielle du roman pourrait aisément négliger, mais qui se révèlent présenter une remarquable cohérence dès lors qu'ils sont référés à ce foyer commun que constitue le mythe. Au début de son analyse, Benjamin relève ainsi toute une série d'indices qui montrent que les principes « éclairés » sur lesquels Édouard et Charlotte fondent leur conduite et l'administration de leur domaine sont en fait impuissants face à la menace que symbolisent, dans le roman, les forces issues de la nature, de l'élément « tellurique » au lac fatal. Loin de se limiter à la sphère de la nature brute ou « élémentaire », ce que Benjamin nomme le mythe inclut le règne du droit, qui ne fait à ses yeux que prolonger et renforcer l'emprise d'une puissance de contrainte identique au « destin »[34].

Ce que Benjamin nomme le mythe inclut le règne du droit

C'est encore cette référence au mythe qui fournit à Benjamin l'occasion de rouvrir l'exploration de la théorie goethéenne de l'art annoncée à la fin de la thèse : conscient du caractère extrêmement allusif de ses références, Benjamin promettait de reprendre cette étude dans un travail ultérieur. Si ce projet n'a pas été réalisé exactement sous la forme pressentie, il est patent que la critique des *Affinités électives* est nourrie de la lecture des écrits de Goethe sur l'art, mais aussi de ses textes scientifiques. L'opposition de l'écrivain à l'idée que les œuvres soient par principe « critiquables » prend, avec *Les Affinités électives*, un relief supplémentaire : Benjamin rappelle ainsi toutes les manœuvres de Goethe pour barrer l'accès de son œuvre à ses lecteurs, qu'il s'agisse des déclarations sibyllines, parfois contradictoires, que l'écrivain s'est plu à multiplier au sujet de son propre roman (avant même sa publication), ou encore de la destruction de tous les brouillons – autant de gestes qui invalident *a priori* toute tentative d'interpréter le roman en référence aux intentions de l'auteur. Sur ce point, Benjamin ne fait que tirer les conséquences de la philosophie du langage exposée dans le texte fondateur de 1916, « Sur le langage en général et sur le langage humain », en rupture avec toute conception instrumentale du signe linguistique comme outil au service du sujet parlant. Au sujet des *Affinités électives*, le dernier mot de Goethe pourrait bien être cette expression en forme d'oxymore : *ein offenbares Geheimnis*, littéralement un « secret » ou un « mystère » « manifeste », sans rien de dissimulé, c'est-à-dire, aussi bien, un « secret de Polichinelle »[35]. Pour élucider de tels procédés, Benjamin en appelle une nouvelle fois à la catégorie du mythe, dont l'une des caractéristiques est précisément de cultiver

■ 34. Sur ce point, la critique des *Affinités électives* communique avec la *Critique de la violence* publiée en 1921. Sur cette notion de destin, voir le texte incisif d'A. Birnbaum, « Variations du destin », préface à W. Benjamin, *Critique de la violence et autres essais*, trad. fr. N. Casanova, Paris, Payot & Rivages, 2012, p. 7-51.

■ 35. Empruntée à une lettre de Goethe à Zelter, l'expression figure également dans les *Maximes et réflexions*, où Goethe écrit, à propos de la nature : « *Wem die Natur ihr offenbares Geheimnis zu enthüllen anfängt, der empfindet eine unwiderstehliche Sehnsucht nach ihrer würdigsten Auslegerin, der Kunst* ». Comme le souligne Danièle Cohn, l'enjeu de la critique des *Affinités électives* est précisément de « mettre en pleine lumière l'impossibilité de se fier à une correspondance de la nature et de l'art qui se justifierait de ce que l'art tire son fond de la nature » (*cf.* D. Cohn, *La Lyre d'Orphée. Goethe et l'esthétique*, Paris, Flammarion, 1999, p. 182).

l'équivoque et de rechercher le « mystère [*Geheimnis*] » : « Toute signification mythique veut rester secrète » [36].

En dernière analyse, la thèse de l'incritiquabilité renvoie donc à la conception goethéenne de la nature, dont l'analyse critique n'avait été qu'amorcée à la fin de la thèse, à l'occasion de la confrontation avec le romantisme. Lorsqu'il y revient, Benjamin pointe une ambiguïté, un « double sens » dans l'usage du mot « nature » : « Le terme, chez Goethe, désigne tout aussi bien le domaine des phénomènes sensibles que le monde des archétypes saisis par intuition. Mais jamais Goethe n'a réussi à rendre compte de cette synthèse » [37]. Du fait de cette équivoque, Goethe n'a pas pu percevoir la nécessité de la critique, l'évaluation de chaque œuvre lui paraissant garantie par le critère constitué par la présence ou l'absence en elle des déterminations « naturelles » où elle trouve son origine. Selon Benjamin, une telle confiance ne peut se déployer que sur le fond d'un glissement, « des phénomènes originaires comme archétypes [*Urbild*], à la simple nature comme modèle [*Vorbild*] » [38]. Il ne peut en résulter qu'un renforcement de l'emprise du mythe :

> Le chaos règne dans cette vision du monde. Car c'est là que débouche finalement la vie du mythe qui, sans maître ni limites, s'instaure elle-même comme l'unique puissance dans le domaine de l'étant [39].

De cette emprise, Benjamin relève les signes non seulement au sein du monde de la fiction, mais jusque dans la vie de l'écrivain, en proie à une angoisse que la venue de la vieillesse et l'approche de la mort ne font qu'aggraver. Dans ces pages qui concluent la première partie du texte et pourraient aisément passer pour une digression, Benjamin se livre à une destruction systématique du mythe de Goethe l'Olympien, cette légende si chère aux philistins de l'époque wilhelminienne : hanté par les manifestations du « démonique » qui jette sur son existence une ombre inquiétante, l'écrivain ne peut plus incarner cette puissance toute solaire portée au pinacle (et simultanément neutralisée).

Cette révision de l'image de Goethe n'épargne pas l'ouvrage qui semblait pourtant représenter, lors de sa publication en 1916 sous le sceau des *Blätter für die Kunst* (Feuilles pour l'art), le modèle d'une nouvelle approche des grandes figures de la tradition littéraire, le *Goethe* de Friedrich Gundolf. Non moins que la discussion des positions de Goethe, la polémique avec Gundolf se place sous le signe du mythe et se déploie sur deux plans. Se livrant à une attaque en règle contre le biographisme si répandu dans la tradition philologique, Benjamin choisit de faire un sort particulier à la perspective apparemment novatrice de Gundolf, qu'il commence par créditer d'un surcroît de « profondeur » tenant à sa radicalité : « s'il est vrai que, pour la conception traditionnelle, œuvre, essence et vie se confondent de façon indéterminée, à ces trois éléments l'autre perspective attribue expressément une unité. Elle construit ainsi la figure du héros mythique » [40]. La vie du héros

■ 36. W. Benjamin, « *Les Affinités électives* de Goethe », *op. cit.*, p. 309 ; *GS*, I/1, 146.
■ 37. *Ibid.*, p. 311 ; *GS*, I/1, 147.
■ 38. *Ibid.*, p. 312 ; *GS*, I/1, 148.
■ 39. *Ibid.*, p. 313 ; *GS*, I/1, 149.
■ 40. *Ibid.*, p. 326 ; *GS*, I/1, 157.

apparaît à Benjamin comme « la forme canonique de la vie mythique », et le premier reproche qu'il convient d'adresser au travail de Gundolf est donc de donner lieu à une sorte de surenchère dans le mythe, qui l'empêche de cerner la différence séparant la « création littéraire » proprement dite de ce que Benjamin pose comme « son stade précurseur, celui de la littérature magique »[41].

Plus gravement encore, Gundolf évacue de son interprétation tout ce qui, dans *Les Affinités électives*, va à l'encontre de l'emprise du mythe ; de ce point de vue, allant « jusqu'à faire retomber sous l'empire du mythe les réalités mêmes qui commençaient à s'en libérer »[42], il contredit l'impulsion critique elle-même. En contrepoint de la polémique s'annonce ainsi un motif dont tout le reste de la critique des *Affinités électives* va déployer la portée : la catégorie de « tâche », de mission ou de mandat confié à un sujet humain par une instance divine manque la dynamique d'émancipation essentielle à toute œuvre littéraire. Une telle méprise est d'autant plus regrettable dans le cas d'un roman, qui, selon Benjamin, met en scène de façon « exemplaire » cet arrachement à l'emprise du mythe et la conquête, par la littérature, de l'espace de son autonomie.

À cette première confusion s'ajoute un second amalgame, plus problématique encore, puisqu'il consiste à faire du poète un « créateur », détermination qui, en toute rigueur, ne convient qu'à Dieu : « À dire vrai, l'artiste est moins cause première ou créateur qu'origine ou façonneur, et, à coup sûr, son œuvre n'est d'aucune façon sa créature, mais plutôt l'image qu'il a façonnée »[43]. Une nouvelle fois, la critique procède en traçant une stricte ligne de démarcation entre la sphère de la poésie (*Dichtung*) et le domaine réservé à la théologie. Dans ce contexte, l'important pour Benjamin est de souligner la confusion qu'une telle déification du poète produit nécessairement : quelles que soient les distances que Gundolf a voulu prendre vis-à-vis de ses prédécesseurs, il a fini par reprendre « le dogme le plus creux du culte goethéen, la plus pâle profession de foi de ses adeptes : l'idée que, de toutes les œuvres du poète, la plus grande serait sa vie elle-même »[44]. Repliées l'une sur l'autre et identifiées sans plus de précautions, ni la vie ni l'œuvre ne sauraient échapper à l'emprise de la plus funeste mythologie.

Contrepoints

Si le mythe (ou le « mythique ») occupe une telle place dans *Les Affinités électives*, pourquoi avoir choisi ce roman pour en faire l'objet d'une critique

■ 41. *Ibid.*, p. 329 ; *GS*, I/1, 158. Cet emploi de l'adjectif « magique » mérite d'être relevé, puisqu'il marque sinon un renversement, du moins un changement de perspective significatif par rapport aux réflexions sur le langage développées en 1916, où Benjamin invoquait la « magie du langage » pour dénoncer la conception « bourgeoise » de la langue comme système de signes au service de la seule communication. Pour avoir attiré mon attention sur ce glissement, que Michel Métayer trouve ici l'expression de ma reconnaissance.
■ 42. *Ibid.*, p. 336 ; *GS*, I/1, 163.
■ 43. *Ibid.*, p. 330 ; *GS*, I/1, 159.
■ 44. *Ibid.*, p. 331 ; *GS*, I/1, 160. Dans sa radicalité, la polémique de Benjamin n'exclut pas la nuance : contrairement à ce qu'une lecture précipitée pourrait croire, Benjamin n'exclut pas tout recours à des éléments biographiques (lui-même en fait abondamment usage, notamment dans la fin de la première partie de son étude, qu'il jugeait assez représentative pour en faire paraître une version française, publiée en 1937 sous le titre « L'angoisse mythique chez Goethe », dans le numéro spécial des *Cahiers du Sud* consacré au romantisme). Ce qu'il met en cause est l'identification pure et simple, la confusion complète de la vie de l'écrivain et de son œuvre.

« exemplaire » ? À elle seule, la construction dialectique du texte de Benjamin suggère que le mythe ne saurait être le dernier mot ni du roman, ni de la critique ; elle confère en outre au deuxième moment une fonction cruciale, puisqu'il est censé être le lieu où surgit une « antithèse ». Préparant ce renversement, le débat avec Gundolf débouche sur cette affirmation décisive concernant le rapport entre mythe et vérité : « Ce rapport est celui de mutuelle exclusion. Ambigu par nature, le mythe ne fait place ni à la vérité ni, par conséquent, à l'erreur »[45]. Mais s'il est vrai que *Les Affinités électives* sont dominées par l'emprise des puissances mythiques, d'où la vérité pourrait-elle bien surgir sans que son irruption vienne briser l'immanence prescrite à la critique ?

C'est encore une fois la leçon de Schlegel et sa pratique « structurale » qui permettent à Benjamin de résoudre cette difficulté. Deux points jouent un rôle déterminant. Le premier concerne le statut singulier des *Affinités électives* au regard d'une typologie des genres narratifs : comme le rappelle Benjamin, c'est sous la forme d'une nouvelle, destinée à prendre place dans le cycle des *Années de pèlerinage de Wilhelm Meister*, que l'intrigue des *Affinités électives* a d'abord été imaginée par Goethe. Dans sa version définitive, le roman a conservé plus d'une trace de cette configuration initiale, qui explique notamment la place centrale qu'y occupe la figure du narrateur, caractéristique du genre de la nouvelle : « en dépit de leur longueur, *Les Affinités électives* sont bien restées fidèles au style de la nouvelle »[46]. Constamment, la nouvelle rappelle au lecteur la présence du narrateur et lui interdit de s'abîmer dans le récit : « alors que le roman entraîne le lecteur jusqu'au cœur même du sujet comme un irrésistible tourbillon, la nouvelle le tient à distance, repousse les vivants hors de son cercle magique ». Le genre de la nouvelle ménage donc la possibilité d'un écart entre les événements narrés et l'attitude du narrateur qui les « récite »[47] sans jamais effacer les traces de sa présence, invitant le lecteur à réfléchir à son tour sur les enjeux du récit. Goethe a du reste souligné cet aspect en insérant, au beau milieu de la seconde partie, une nouvelle (explicitement désignée comme telle, et distinguée, jusque dans la typographie, du reste d'un texte qui se voit caractérisé – comme le précise l'édition originale des *Affinités électives* – comme « un roman »). Benjamin est sans doute le premier, dans l'histoire de la réception des *Affinités électives*, à faire jouer un rôle à ce point décisif à ces pages qui, interrompant le cours des événements sans rien apporter de nouveau ni faire progresser l'intrigue, pourraient aisément passer pour une « digression rattachée tant bien que mal à l'ensemble »[48]. Racontant comment deux enfants, compagnons de jeux qui croient que tout les oppose, finissent par reconnaître, une fois parvenus à l'âge adulte, qu'ils sont destinés l'un à l'autre, la nouvelle « Les jeunes voisins

■ 45. *Ibid.*, p. 334 ; *GS*, I/1, 162.

■ 46. *Ibid.*, p. 342 ; *GS*, I/1, 168 (ainsi que la citation suivante).

■ 47. *Ibid.*, p. 343 ; *GS*, I/1, 168. Le mot *vorgetragen* est emprunté au *Goethe* de Simmel (Leipzig, Klinkhardt & Biermann, 1913, p. 154).

■ 48. C'est sur ce verdict que se conclut l'évocation de la nouvelle dans le commentaire (jugé par Benjamin « fade et boursouflé ») d'André François-Poncet (*Les Affinités électives de Goethe. Essai de commentaire critique*, Paris, Alcan, 1910, p. 188 ; *cf.* « *Les Affinités électives* de Goethe », *op. cit.*, p. 356 ; *GS*, I/1, 176). Voir également les notes prises par Benjamin en vue d'une version retravaillée de son étude, où la critique du livre de François-Poncet aurait peut-être été étoffée : *GS*, I/3, 838-840.

singuliers » reprend manifestement l'idée générale du roman et éclaire à sa façon la puissance des « affinités » qui unissent certains individus, parfois à leur insu, et contre lesquelles il est vain de lutter. Passant de l'étude de la forme de la nouvelle à la matière du récit, Benjamin signale de nombreuses correspondances de détail entre ces pages et l'ensemble du roman, même s'il néglige d'expliciter ces allusions et s'abstient presque complètement de citer le texte de la nouvelle dans sa littéralité. Pourtant, loin de constituer une simple répétition en forme d'image réduite ou de miniature, ce récit doit être lu, selon Benjamin, comme un négatif du reste de l'intrigue. Un double geste retient particulièrement son attention : lorsque l'héroïne de la nouvelle se jette à l'eau et s'expose à la menace fatale de la noyade, le jeune homme répond à son geste par une décision salvatrice : il plonge aussitôt, réussit à la ramener sur le rivage et à la ranimer. La relation entre la nouvelle et le reste du récit comporte donc deux aspects :

> dans l'édifice du roman, la signification de la nouvelle joue un rôle décisif [*eine beherrschende Bedeutung*]. Ses détails singuliers ne s'éclairent sans doute que par référence au récit principal, mais les traits qu'on a rappelés montrent suffisamment qu'en face des thèmes mythiques du roman les motifs correspondants de la nouvelle doivent être considérés comme des thèmes rédempteurs[49].

Littéralement, la signification et l'importance de la nouvelle sont « dominantes », puisque c'est à partir de ce récit en abyme qu'il convient selon le critique d'interpréter le roman. De fait, du roman à la nouvelle, la fonction du mythe se renverse radicalement : « Dans le roman, le mythe a la fonction d'une thèse ; dans la nouvelle, on peut lui attribuer le rôle d'une antithèse ». D'abord évoquée dans une perspective formelle, pour mieux décrire et comme pour révéler le registre narratif des *Affinités électives*, la nouvelle, qualifiée par Benjamin de « marque [*Wahrzeichen*] »[50], devient le contrepoint décisif qui conteste l'emprise du mythe sur tout le roman et ouvre une perspective rédemptrice qui fait la « teneur de vérité [*Wahrheitsgehalt*] » du roman.

Parvenue en ce point (qui correspond à la fin de la deuxième partie), la critique de Benjamin, en même temps qu'elle semble toucher au but en mettant au jour la « teneur de vérité » du roman, s'expose à une objection redoutable : en introduisant ce motif de la « rédemption », Benjamin ne vient-il pas brouiller la distinction de la sphère de l'écriture et de la religion ? Une telle confusion reviendrait finalement à répéter le geste sacralisant pourtant dénoncé dans la polémique avec Gundolf et à promouvoir une conception héroïque, sinon de l'écrivain, du moins des pouvoirs de la création littéraire. Plus encore, l'ouverture de cette perspective théologique ne constitue-t-elle

---

■ 49. W. Benjamin, « *Les Affinités électives* de Goethe », *op. cit.*, p. 348 ; *GS*, I/1, 171 (ainsi que la citation suivante). Avec beaucoup de lucidité, B. Lindner fait observer que la « décision » dont il est question dans ce passage, et dont Benjamin affirme qu'elle fonde la véritable fidélité, ne doit pas être confondue avec une théorie décisionniste de la souveraineté, à la manière de Carl Schmitt (*cf.* « "Goethes Wahlverwandtschaften". Goethe im Gesamtwerk », dans *Benjamin-Handbuch*, Stuttgart-Weimar, Metzler, 2006, p. 485).
■ 50. *Ibid.*, p. 374 ; *GS*, I/1, 188.

pas une violation flagrante du principe d'immanence censé régir l'activité du critique ?

« Un mythe tourné contre lui-même »

À de telles perplexités, la composition de la critique des *Affinités électives* permet d'apporter un début de réponse et de corriger une interprétation unilatéralement « théologique » du texte de Benjamin : si déterminante soit-elle, la référence à la rédemption n'intervient qu'en conclusion de la deuxième partie, comme sommet de l'antithèse au mythe, et ne saurait donc être tenue pour le dernier mot du texte, qui s'efforce bien plutôt de construire une « synthèse » placée sous le signe de l'« espérance », faisant finalement du roman « un mythe tourné contre lui-même ».

Sous la plume d'Adorno, dans la *Théorie esthétique*, l'expression a sinon valeur de définition, du moins renvoie à l'une des marques distinctives de « l'art moderne »[51]. Même si, dans ce passage, c'est au concept d'image dialectique forgé par Benjamin qu'Adorno fait référence, la formule pourrait être tirée de l'étude consacrée aux *Affinités électives*.

La troisième partie du texte fait franchir au lecteur un palier supplémentaire et le conduit sur le seuil d'une question qui n'est plus simplement d'exégèse mais engage le rapport de la critique à ce que Benjamin nomme la « philosophie ». Sans interrompre pour autant l'interprétation, Benjamin s'efforce de montrer que le roman de Goethe permet de poser dans toute sa radicalité le problème du rapport entre la vérité et la beauté. Telle est la préoccupation qui conduit Benjamin à concentrer ses analyses sur la figure d'Odile, en qui il propose de voir une incarnation de la « belle apparence ». Bien que ni le mot ni le concept n'en soient mentionnés, un tel geste de déchiffrement relève de la plus pure tradition de l'allégorie, dont le livre à venir sur le *Trauerspiel* déploiera toute la portée. Si l'allégorie est requise, c'est parce qu'elle permet de dissiper l'ambiguïté propre à la figure d'Odile, comme à tout ce qui relève du mythe. Ainsi de son innocence et de sa chasteté, qui ne procèdent d'aucune « activité spirituelle » et ne peuvent, à ce titre, marquer un dépassement des déterminations naturelles. Au fond, Odile n'a pas de « caractère », au sens que le terme reçoit dans l'essai « Destin et caractère » publié par Benjamin en 1921 et que rappelle la critique des *Affinités électives* : chez un individu, le caractère peut être défini comme « unité de la vie spirituelle »[52], et c'est précisément cette unité qui lui permet de se dresser contre l'ambiguïté mythique. Sur cette base, le destin d'Odile ne peut plus être compris, comme le voulait une tradition déjà bien établie, sur le modèle d'une héroïne de tragédie, puisque ce qui motive son renoncement à la vie n'a, selon Benjamin, rien d'une décision morale, mais n'est que l'effet d'un « instinct [*Trieb*] »[53]. Benjamin peut ainsi clore la discussion en des termes qui sont déjà ceux dont

---

51. *Cf.* T. W. Adorno, *Théorie esthétique*, trad. fr. M. Jimenez, Paris, Klincksieck, 1995, p. 45 : « Les signes de la dislocation sont le sceau d'authenticité de l'art moderne, ce par quoi il nie désespérément la clôture du toujours-semblable. [...] Dans cette mesure, l'art moderne est un mythe tourné contre lui-même ; son caractère intemporel devient catastrophe de l'instant qui brise la continuité temporelle ». Sur ce passage, voir l'étude de D. Payot, à qui j'emprunte cette citation, dans *Après l'harmonie*, Belfort, Circé, 2000, p. 98-121.

52. W. Benjamin, « *Les Affinités électives* de Goethe », *op. cit.*, p. 353 ; *GS*, I/1, 174.

53. *Ibid.*, p. 355 ; *GS*, I/1, 176.

la première partie du livre sur le *Trauerspiel* creusera l'hétérogénéité : « C'est parler pour ne rien dire que de vanter sa "purification tragique". On ne peut rien concevoir de moins tragique que cette triste fin »[54].

Si tel était le dernier mot de la critique des *Affinités électives*, la « teneur de vérité » salvatrice serait bien mince, trouvant pour unique support la nouvelle « Les jeunes voisins singuliers ». Le tour allégorique que Benjamin donne à son interprétation de la figure d'Odile dans la dernière partie lui permet de préciser la façon dont cette vérité peut se faire jour au sein du roman : si le personnage d'Odile incarne l'idéal de la belle apparence sur lequel repose notamment la poétique du classicisme telle que Goethe et Schiller l'ont élaborée, son destin signifie non seulement l'effondrement de cette poétique, mais ouvre une brèche au sein même de l'esthétique, dont il revient à la critique de faire ressortir toute la portée[55]. Loin de constituer une lacune qu'il conviendrait de combler, cette déhiscence est le prix que le roman doit payer pour laisser advenir une « vérité » qui n'est pas la révélation d'une transcendance bouleversante, mais l'événement d'une rupture à même la surface de la belle apparence. La « teneur de vérité » que la critique met au jour est donc bien à la fois de l'ordre d'un advenir (le *Wahrheitsgehalt* est un *Wahrheitsgeschehen*) et demeure irréductible à la logique phénoménologique d'une pleine et entière manifestation, pour ne pas dire d'une « révélation ». Une même figure de pensée régit en somme la critique et la traduction : de même que le « pur langage » qu'évoque « La tâche du traducteur » ne se donne jamais comme tel, mais seulement de façon négative, à même l'insuffisance de toute traduction, la vérité des *Affinités électives* n'a lieu que sur les ruines de la « belle apparence », « dans le savoir de cette distance »[56] qui sépare l'une de l'autre – affaire de sobriété qui ne vaut pas moins au regard du « dévoilement » de la vérité qu'à l'égard de l'attraction qu'exerce le mythe dans le roman.

> Le caractère peut être défini comme « unité de la vie spirituelle »

Pour approfondir cette figure de pensée caractéristique de sa démarche critique, Benjamin introduit dans sa lecture des *Affinités électives* le motif de la césure emprunté à Hölderlin. Citant les *Remarques sur Œdipe*, il n'entend pas pour autant réintroduire une part de tragique dans un roman qui se place bien plutôt sous le signe du deuil ou de la tristesse (*Trauer*) – il s'agit pour lui d'éprouver la fécondité d'une notion dont le texte souligne « l'importance tout simplement fondamentale, au-delà de la théorie de la tragédie, pour la

---

■ 54. *Ibid.*, p. 357 ; *GS*, I/1, 177 : *Untragischer kann nichts ersonnen werden als dieses trauervolle Ende*. Sur l'interprétation de la tragédie chez Benjamin, voir le livre d'A. Birnbaum, *Bonheur Justice, Walter Benjamin. Le détour grec*, Paris, Payot & Rivages, « Critique de la politique », 2008, ainsi que l'article d'A. Honold, « Benjamins Konzept des Tragischen », dans H. Hühn, J. Urbich, U. Steiner (dir.), *Benjamins Wahlverwandtschaften*, *op. cit.*, p. 128-173.

■ 55. Dans un autre texte consacré à Goethe, Benjamin souligne que l'auteur des *Affinités électives*, « à la différence de presque tous les intellectuels de cette époque » (à commencer par Schiller ?), n'a « jamais fait sa paix avec la "belle apparence" » (*cf.* « Goethe », trad. fr. P. Rusch, dans *Œuvres*, t. II, *op.cit.*, p. 80 ; *GS*, II/2, 719). L'une des exceptions auxquelles Benjamin fait allusion est sans doute Hölderlin.

■ 56. W. Benjamin, « La tâche du traducteur », trad. fr. M. de Gandillac, revue par R. Rochlitz, dans *Œuvres*, t. I, *op. cit.*, p. 251 ; *GS*, IV/1, 14.

théorie même de l'art »[57]. Tout en rappelant le sens du terme au sein de la prosodie où la césure désigne, à l'intérieur d'un vers, une pause ou un suspens suivant une syllabe accentuée, Hölderlin opérait un premier élargissement en définissant la césure, à l'échelle de l'ensemble d'une tragédie, comme un point de basculement qui bouleverse le cours de l'action et coïncide avec l'irruption de ce qu'il nomme « le mot pur [*das reine Wort*] »[58].

Benjamin repère dans *Les Affinités électives* un moment comparable, où une force surgit et « suspend cette apparence [la « pure apparence » que risque de devenir toute œuvre d'art qui veut dénier sa propre fragilité], fige le mouvement et interrompt l'harmonie » ; ou encore : « quelque chose coupe la parole de la poésie »[59]. Telles sont, à défaut d'une définition en bonne et due forme, les remarques dont Benjamin accompagne l'entrée en scène d'un concept qui figure en quelque sorte comme le point de fuite de toute son interprétation des *Affinités électives*, « l'inexpressif [*das Ausdruckslose*] »[60]. Le suffixe négatif (qui devient, en traduction, un préfixe privatif) signale la valeur proprement critique attribuée au terme : avec l'inexpressif, il y va des limites de la belle apparence, si ce n'est des limites de l'art lui-même, à tel point que l'inexpressif peut devenir un autre nom de l'opération critique elle-même, du moins de l'un de ses moments les plus importants : « L'inexpressif est cette puissance critique qui peut, non point sans doute séparer, au sein de l'art, l'apparence et l'essence, mais empêcher, du moins, qu'elles se confondent »[61]. La « teneur de vérité » de l'œuvre n'est donc plus gagée sur la correspondance ou l'harmonie parfaite établie entre « l'apparence » et « l'essence », rendues à ce point homogènes par le travail du poète qu'il n'est même plus possible de distinguer l'une de l'autre, elle ne peut émerger que d'une scission, de cet écart que la critique met au jour et qui doit demeurer ouvert entre l'apparence et l'essence, si l'œuvre ne veut pas ruiner la promesse de vérité qu'elle recèle. Tel est, en définitive, le sens de l'« espoir » qui donne à ce troisième temps du texte sa tonalité, après l'antagonisme du « mythique » et de la « rédemption » qui se font face dans les deux premières parties comme la thèse et l'antithèse.

Dans la critique des *Affinités électives*, Scholem croyait pouvoir déceler un « tournant [*Wendung*] »[62] dans la production de son ami, un « virage » qui le conduirait d'une pensée encore guidée par la quête du système à un nouveau registre qui se tiendrait dans les limites du « commentaire ». Autant la façon dont Scholem caractérise ce tournant peut donner matière à discussion (non seulement il n'est pas certain que la visée du système disparaisse tout à

■ 57. W. Benjamin, « *Les Affinités électives* de Goethe », *op. cit.*, p. 363-364 ; *GS*, I/1, 181.

■ 58. Je reprends ici la traduction proposée par J.-F. Courtine, qui s'écarte de la version plus ancienne de F. Fédier (« pure parole ») ; voir F. Hölderlin, *Fragments de poétique et autres textes*, présentation, trad. fr. et notes par J.-F. Courtine, Paris, Imprimerie nationale, 2006, p. 397.

■ 59. W. Benjamin, « *Les Affinités électives* de Goethe », *op. cit.*, p. 363-364 ; *GS*, I/1, 181-182. Situé « au-delà du poète [*jenseits des Dichters*] », ce « quelque chose » rend son héroïsation pour le moins problématique.

■ 60. Dans une étude importante, W. Menninghaus a éclairé cette notion difficile grâce à une confrontation systématique avec la tradition du sublime : « Das Ausdruckslose : Walter Benjamins Kritik des Schönen durch das Erhabene », dans U. Steiner (dir.), *Walter Benjamin (1892-1940) zum 100. Geburtstag*, Bern et al., Peter Lang, 1992, p. 33-76 ; voir, plus récemment, J. Urbich, « Das Ausdruckslose. Zur Dialektik des Scheins bei Benjamin », dans H. Hühn, J. Urbich, U. Steiner (dir.), *Benjamins Wahlverwandtschaften*, *op. cit.*, p. 90-127.

■ 61. W. Benjamin, « *Les Affinités électives* de Goethe », *op. cit.*, p. 363 ; *GS*, I/1, 181.

■ 62. Voir G. Scholem, *Walter Benjamin. Histoire d'une amitié*, trad. fr. P. Kessler, Paris, Calmann-Lévy, 1981, rééd. Paris, Hachette, 2001, p. 134.

fait, mais le registre du commentaire est à l'œuvre dès la lecture des « deux poèmes de Hölderlin » datant des années 1914-1915 et jusqu'en 1939, où Benjamin choisit cette forme pour parler de la production poétique de Brecht), autant le terme de « tournant » retient l'attention par la manière dont il fait écho à celui que Benjamin choisit pour caractériser la place qu'occupent *Les Affinités électives* au sein de l'œuvre de Goethe[63]. S'agissant du roman, le terme se justifie pleinement, s'il est bien le lieu d'une césure qui fait surgir une vérité irréductible à toute apparence, rebelle à la domination du mythe. Plus encore, au sein de la production critique de Benjamin, l'étude consacrée aux *Affinités électives* marque un approfondissement décisif et constitue, en l'absence de l'essai sur la critique que Benjamin n'a jamais écrit[64], une sorte de sommet effectivement « exemplaire », comme le reconnaît Adorno dans un passage de la *Théorie esthétique* :

> La critique immanente – son modèle le plus grandiose appliqué à l'objet le plus grandiose est la critique des *Affinités électives* par Benjamin – poursuit la fragilité des œuvres canoniques jusque dans leur contenu de vérité ; il faudrait l'étendre dans une dimension à peine prévisible[65].

Jacques-Olivier Bégot
Université Paris-Diderot Paris VII

---

63. *Cf.* W. Benjamin, « *Les Affinités électives* de Goethe », *op. cit.*, p. 338 ; *GS*, I/1, 165 : « Dans l'œuvre de Goethe, *Les Affinités électives* représentent un tournant [*eine Wende*] ».

64. Les réflexions consacrées à la critique qui devaient former la conclusion du livre sur le *Trauerspiel* n'ont jamais été rédigées, et l'essai portant sur « la tâche du critique » est demeuré à l'état de fragments.

65. T. W. Adorno, *Théorie esthétique*, *op. cit.*, p. 414.

DOSSIER

Walter Benjamin critique

MORCEAUX DU RÉEL.
LE CONCEPT DE CRITIQUE,
DE *L'ORIGINE DU DRAME BAROQUE ALLEMAND* À *SENS UNIQUE*

Andrés Goldberg

La rupture avec le romantisme d'Iéna et l'exploration du signe allégorique du baroque amènent Walter Benjamin à opérer un infléchissement du concept de critique d'art immanente. L'idée d'un achèvement formel laisse la place à une action violente sur le réel de l'œuvre. Ce mouvement trouve un aboutissement dans la définition de la critique comme *mortification des œuvres* annoncée dans l'*Origine du drame baroque allemand*. Explorant la confrontation formelle de celui-ci avec *Sens unique*, le présent travail vise à dégager les effets de cette définition de la critique afin de penser une philosophie de l'art séparée de l'esthétique et du privilège de la forme.

Era un tipo roto, en un país roto

R. Zurita[1]

Alors que les obstacles à la publication ont marqué la trajectoire de Walter Benjamin, 1928 se présente comme une année d'exception. Après de nombreux efforts, l'*Origine du drame baroque allemand* et *Sens unique* voient finalement le jour. Si les deux ouvrages sont publiés la même année, un écart formel les tient pourtant à distance l'un de l'autre. Le premier ouvrage est une version remaniée de sa thèse d'habilitation, qu'il a renoncé à présenter en 1925 à l'université de Francfort. Il a pour ambition de replacer l'allégorie au centre des débats dans le domaine de la théorie de l'art et de présenter une nouvelle théorie de la tragédie grecque. Le second ouvrage est d'une nature fort différente. Il prend forme aux marges de l'institution universitaire.

CAHIERS PHILOSOPHIQUES ▶ n° 156 / 1ᵉʳ trimestre 2019

■ 1. R. Zurita, *In memoriam*, Buenos Aires, Audisea, 2017, p. 13.

Les réflexions de *Sens unique* se présentent comme l'exercice d'une écriture d'inspiration surréaliste qui bouscule les formes traditionnelles de la philosophie. Adoptant la forme revue[2], la singularité de la mise en page et l'emploi des images font intégralement partie du processus de pensée exposé. Avec un ensemble de textes courts et d'aphorismes, Benjamin livre une critique de la société allemande traversée par l'expérience hyper-inflationniste.

Interroger l'écart formel entre l'*Origine du drame baroque allemand* et *Sens unique* permet de souligner les procédures singulières, disparates entre elles, du travail critique benjaminien. Dans cet écart, une image de la pensée benjaminienne se dessine : creusant du côté de la métaphysique dans des zones inexplorées, considérées comme négligeables, celles de l'allégorie baroque dans le drame baroque allemand, le philosophe ébranle le privilège de la forme dans la philosophie de l'art et l'oriente dans le sens d'une affirmation de l'hétérogénéité de ses objets. Plus avant, ce réagencement conduit Benjamin à varier son propre travail. L'écart formel entre le traité médiéval repris comme modèle dans l'*Origine du drame baroque allemand* et la forme revue de *Sens unique* nous livre l'efficacité d'un travail conceptuel en acte. Les concepts benjaminiens font basculer l'exercice systématique de la philosophie dans des formes expérimentales.

Afin d'étayer cette idée, notre travail se propose de lire les fragments urbains de *Sens unique* comme l'effectuation d'une opération conceptuelle qui s'est d'abord constituée dans l'*Origine du drame baroque allemand*. Cette opération s'est développée au fil des méditations de Benjamin depuis le début de ses écrits de jeunesse pour ensuite occuper une place centrale dans ses travaux des années vingt. Le concept de « critique d'art immanente » s'avère être l'une des préoccupations principales du travail de Benjamin. « Le but que je m'étais proposé n'est pas encore pleinement réalisé, mais, enfin, j'y touche d'assez près. C'est d'être considéré comme le premier critique de la littérature allemande »[3], écrit-il à Gershom Scholem, après avoir pris acte de l'impossibilité pour son travail d'être accepté par l'université.

Cette passion pour la critique relève d'une double considération. Benjamin ne se concentre pas uniquement sur l'exercice de la critique, il ambitionne de la conceptualiser. La théorie doit rendre à la critique sa dignité philosophique perdue[4]. Les deux mouvements restent indissociablement liés au travail entrepris par Benjamin durant cette période. Exercer la critique c'est la recréer comme genre philosophique, lui assigner une tâche ontologique qui la confonde avec le travail de la philosophie : la présentation d'idées. La critique d'art établit un rapport privilégié avec la vérité. Elle usurpe la place de la philosophie. Cette détermination à confondre le travail de la critique d'art avec celui de la philosophie marquera sa trajectoire. La critique n'est jamais jugement de goût, mais l'acte de déploiement de la pensée *dans* les choses.

Cette tâche de la critique s'élabore à même une hétérogénéité d'objets et d'expériences : le romantisme d'Iéna, Goethe, la traduction, l'*Angelus Novus*,

---

■ 2. La recension de Ernst Bloch s'intitule précisément *La Forme de la revue en philosophie*.
■ 3. W. Benjamin, *Correspondance*, t. II (*1929-1940*), Paris, Aubier, 1979, p. 28.
■ 4. *Ibid.*, p. 28.

et (ce qui nous concerne directement) le drame baroque (*Trauerspiel*) ainsi que le paysage urbain. Chaque nouvel objet, chaque nouvelle expérience viendra troubler le concept de critique qui, conséquemment, ne restera jamais identique à lui-même. Il perdra le caractère d'achèvement formel que les romantiques lui avaient assigné, pour laisser de plus en plus de place à une pensée s'exerçant sur l'élément contingent de l'œuvre, le contenu. Pourtant, à la différence de la forme qui présente un lien de filiation avec l'idée, le contenu résiste. Il relève d'un matériau opaque qui ne rentre pas dans l'ordre dynamique de la synthèse idéaliste et exige un autre concept de critique. Contrairement à la démarche romantique, l'action sur le contenu ne se propose pas de réconcilier une forme finie et une idée de l'art. Elle conduit d'abord à une action violente de la pensée sur le réel : elle fragmente le réel en autant de morceaux. Ainsi, dans un passage de son essai sur *Les affinités électives* on peut lire : « N'achève l'œuvre que ce qui la brise, pour faire d'elle une œuvre morcelée, un fragment du vrai monde, le débris d'un symbole »[5].

Dans l'*Origine du drame baroque allemand*, Benjamin avance une dernière formulation du concept de critique, avant qu'elle ne disparaisse de son champ explicite de réflexion : « La critique est la mortification des œuvres »[6]. Il oriente son travail, non plus dans le sens d'un achèvement, mais dans celui d'une action qui coupe dans le réel de l'œuvre, y intervient. La mortification produit de nouveaux agencements, inattendus, chargés de faire varier ses différentes dimensions.

Inspiré par le baroque, avec ses allégories et ses fragmentations, Benjamin pense l'œuvre non comme une forme organique, mais comme une *ruine* :

> Ces ruines qui jonchent le sol, le fragment hautement significatif, les décombres : voilà la matière la plus noble de la création baroque. Car le point commun de ces poésies, c'est qu'elles accumulent sans cesse des fragments sans buts rigoureusement définis[7].

La tâche ontologique de la critique ne peut s'exercer sur l'œuvre en ruine de la même manière que les romantiques l'avaient pensée pour l'œuvre organique. Séparée de sa transcendance, la ruine ne fait plus écho à la totalité de l'art. Elle expose les dimensions hétérogènes qui la traversent : la technique, l'histoire, le concept, l'esthétique. L'ensemble des rapports entre le sensible et l'intelligible sont redistribués sous le coup d'une violence que l'on ne saurait anticiper, et ce à travers toutes les dimensions relevées par la critique : la technique se heurte au concept, l'histoire se retrouve dans la technique, l'esthétique devient conceptuelle.

Sens unique incorpore ce déplacement, l'effectue. L'index qui ordonne les chapitres rend compte d'un ensemble de figures simples qui forment le réel du paysage urbain ; contenus opaques pour la pensée qui tente de les pénétrer. « Le bar », « L'horloge », « N° 13 ». Partant de ces figures, Benjamin vise leur mortification. Il fait éclater le réel de ces figures de la ville. *Sens unique*

■ 5. W. Benjamin, *Œuvres*, t. I, Paris, Folio, 2000, p. 363.
■ 6. W. Benjamin, *Origine du drame baroque allemand*, Paris, Champs-Flammarion, 1985, p. 248.
■ 7. *Ibid.*, p. 244.

est une mise en acte de la procédure critique inspirée du drame baroque à même le réel du paysage urbain.

Le travail que nous nous proposons consiste précisément à montrer la manière dont cette idée de critique élaborée à propos de l'*Origine du drame baroque allemand* opère dans *Sens unique*. Alors que l'*Origine du drame baroque allemand* peut paraître anachronique, étranger aux urgences de son temps présent, comment Benjamin y a-t-il puisé cette puissance critique ?

On étudiera dans un premier temps la rupture introduite par Benjamin avec les romantiques sur la question de la critique depuis le point de vue du contenu. On analysera ensuite la formule de la *mortification des œuvres* dans son rapport à l'allégorie. Puis l'on s'intéressera aux figures de *Sens unique* dans leur rapport à cet exercice de la critique défini dans l'*Origine du drame baroque allemand*. Dans la mesure où la critique disparaît de l'horizon de réflexions benjaminien postérieur aux années vingt, on se demandera alors si elle donne lieu à de nouvelles figures.

Critique : de la forme au contenu. La rupture avec les romantiques dans la thèse de 1919

Les romantiques d'Iéna inspirent le rapport de Benjamin à la critique d'art. Sa thèse de 1919, *Le Concept de critique dans le romantisme allemand*, dégage le point de jonction entre divers écrits de manière à pouvoir expliciter le système métaphysique du concept de critique formulé par les romantiques. On trouve notamment ces textes dans la revue *Athenaeum* que Benjamin tenait en haute estime[8]. Benjamin explique alors que les romantiques assignent à la critique la tâche de déplier la réflexion interne à l'œuvre d'art, les connexions qui la constituent, pour porter celles-ci, par-delà leur forme finie, jusqu'à l'absolu de la réflexion. Dit autrement, elle a pour tâche « d'achever l'œuvre dans l'absolu de la réflexion », comme le pense Friedrich Schlegel. Dans cette perspective, l'œuvre d'art n'est plus un objet donnant lieu à un libre jeu où la subjectivité réflexive s'éprouve elle-même : l'œuvre d'art est elle-même un *quasi-sujet*. Dans sa forme, elle interroge et cristallise l'idée d'art susceptible d'être déployée par la critique. Ainsi l'activité critique n'est plus l'autre de l'œuvre, ce qui vient après, mais un mouvement de pensée intérieur à celle-ci, qui la définit dans son être. Prenant appui sur les romantiques, Benjamin conçoit la critique comme une activité proprement ontologique, donc immanente. Elle s'écarte des jugements de goût en affirmant l'art comme un espace de pensée. Il se situe de cette manière dans une tradition que Peter Osborne nomme *la pensée ontologique de l'art*[9].

Cependant, la fonction ontologique de la critique comme achèvement du fini dans l'absolu tient chez les romantiques au privilège accordé à la forme de l'œuvre et exclut le contenu, son élément contingent. Benjamin repère cette condition comme étant une insuffisance : la philosophie doit penser le contingent. Cette phrase s'érige en maxime et marquera ses réflexions ultérieures : le drame baroque, la ville, les collections, les jeux d'enfants, les

■ 8. W. Benjamin, *Œuvres*, t. I, *op. cit.*, p. 267.
■ 9. P. Osborne, *Anywhere or not at all : philosophy of contemporary art*, London, Verso, 2013.

lettres. La critique se met à l'épreuve des objets mineurs qui encombrent ou décomplètent la forme, qui ne relèvent pas de son achèvement, mais qui exposent sa disparité, ses irrégularités.

Ce problème apparaît d'abord dans le corpus du texte, à travers le concept d'ironie de la forme. Puis, il est traité directement dans l'appendice dans lequel il met en tension le propos romantique avec celui de Goethe.

Après avoir mis en valeur la dimension conceptuelle de la critique chez les romantiques, Benjamin livre, à la fin de l'ouvrage, une image qui fait voir l'insuffisance de la démarche romantique. Dans les dernières lignes de l'appendice, on peut lire :

> L'absolutisation de l'œuvre déjà créée, la démarche critique, c'était là pour lui [Friedrich Schlegel] l'activité suprême. Une image peut le rendre sensible : engendrer un éblouissement dans l'œuvre. Cet éblouissement – la lumière sobre – fait s'éteindre la pluralité des œuvres. C'est l'idée[10].

Benjamin nous montre ici que la critique romantique finit par anéantir toute singularité de l'œuvre dans une idée de l'art si haute qu'elle en devient éblouissante. Le déploiement de la réflexion interne à l'œuvre est porteur de la perte de sa singularité. L'absolutisation de l'œuvre visée dans la critique romantique par Benjamin conduit au paradoxe de l'absence d'œuvre. Il ne reste que de l'absolu, le-medium-de-la-réflexion, mais dépouillé de tout trait singulier, de toute contingence.

Cette critique adressée aux romantiques vise la base de leur édifice : le concept de « réflexion » en tant qu'ethos, tant de l'œuvre d'art que de l'absolu. Si d'un côté cette détermination fait entrer l'art dans le domaine du spéculatif en l'écartant de l'esthétique, d'un autre côté, elle limite l'acte de pensée au domaine de la forme afin de garantir la réconciliation du fini avec l'infini. L'action réfléchissante de l'œuvre s'avère être, pour les romantiques, un mouvement de la forme qui n'a d'autre contenu que son propre retour sur elle-même. Les romantiques empruntent la formule de cette conception à Fichte : « L'opération de la liberté par laquelle la forme devient, en tant que son contenu, forme de la forme et fait retour sur elle-même s'appelle réflexion »[11].

L'immanence du système est garantie par le fait que la réflexion de la forme finie est de même nature que la forme infinie. Le travail de la critique consiste donc à trouver l'absolu dans toute œuvre finie. Ce que Novalis nomme, à proprement parler, romantiser. Il absolutise ce qui est déjà absolu dans toute finitude : la forme. La critique opère à la fois comme une procédure qui élève la puissance absolue de toute finitude, mais elle agit dans le même temps comme une substance chimique dissolvant toute contingence qui puisse nuire à la triade idéaliste : forme-réflexion-idée.

Le paradoxe d'un fini déjà absolu conditionne le choix d'objets sur lesquels les romantiques ont développé leur travail critique :

■ 10. W. Benjamin, *Le Concept de critique esthétique dans le romantisme allemand*, Paris, Champs-Flammarion, 1986, p. 177.
■ 11. *Ibid.*, p. 50.

[La critique] ne dispose d'aucune échelle de valeur. Une œuvre est-elle critiquable, c'est une œuvre d'art ; sinon ce n'en est pas une – un moyen terme entre ces deux cas est impensable, et tout aussi introuvable un critère de discrimination pour évaluer les véritables œuvres d'art elles-mêmes. C'est à quoi fait allusion Novalis lorsqu'il écrit : « La critique de la poésie est un non-sens. Il est déjà difficile de décider, encore que ce soit la seule décision possible, si quelque chose est ou non poésie ». Et Friedrich Schlegel formule la même pensée lorsqu'il dit que « seuls le classique et l'éternel pur et simple » peuvent être la matière de la critique[12].

Par ce principe, les romantiques ont déplacé le problème central du jugement esthétique vers un problème ontologique. Il ne s'agit plus d'évaluer si une œuvre est du bon ou du mauvais art, mais d'interroger si elle est de l'art ou non. Pourtant ce principe clôt l'élargissement romantique du concept d'art et réintroduit une exigence d'achèvement. À partir du concept de réflexion présent dans tout objet, les romantiques ont élargi de manière radicale le concept d'art. Ils sont arrivés au point paradoxal à partir duquel toute chose est susceptible d'être nommée « art »[13], et ce à condition que l'activité critique soit capable d'en déployer la réflexion immanente. C'est le mouvement critique qui détermine le degré de réflexion de la chose et si, en conséquence, elle est de l'art ou pas.

Cependant, si on suit de près le principe, on rencontre une nouvelle limite : l'action critique n'est pas libre de s'exercer sur tout type d'objet. Celui-ci doit être parfaitement achevé dans sa forme. Comme l'explique Schlegel : « "seuls le classique et l'éternel pur et simple" peuvent être la matière de la critique »[14].

Pour déployer sa réflexion, la critique doit se diriger vers des œuvres qui relèvent de l'ordre de l'achèvement : riches et innovantes dans leur forme. La critique reste donc aveugle à ce qui est de l'ordre de l'inachevé et du contingent. L'abandon de toute échelle de valeurs esthétiques implique une action restreinte ; l'échelle est en fait déplacée plus qu'abandonnée. Seules des œuvres qui portent déjà un haut degré de réflexion (qui, selon le *dictum* romantique, se critiquent elles-mêmes) appartiennent au royaume de l'art : Cervantès, Calderón, Shakespeare, Goethe[15].

La positivité de la critique romantique, dont Benjamin fait l'éloge tout au long de sa thèse, est en réalité jouée d'avance puisque la critique est déjà là, dans la grandeur de l'œuvre choisie. Elle s'avère conditionnée par l'ordre de la forme et l'achèvement de l'œuvre.

La critique immanente comme principe ontologique de l'art permet de mettre en relief la dimension spéculative de l'œuvre négligée par l'esthétique dès lors qu'elle doit assumer (exclusivement) le privilège d'une pensée de l'art. En revanche, elle ne constitue pas un véritable travail sur la forme, parce que son mouvement se trouve déjà dans la constitution de l'œuvre romantique

---

■ 12. *Ibid.*, p. 124-125.
■ 13. Cette discussion apparaît dans *Entretien sur la poésie*. J.-L. Nancy et Ph. Lacoue-Labarthe, *L'Absolu littéraire*, Paris, Seuil, 1978.
■ 14. W. Benjamin, *Le Concept de critique esthétique dans le romantisme allemand, op. cit.*, p. 125.
■ 15. *L'Origine du drame baroque allemand* propose de se décaler de grands œuvres de l'histoire, en excès d'achèvement, pour penser les œuvres en déclin.

elle-même. La critique ne se confronte pas à une extériorité opaque qu'elle devrait s'efforcer de traverser, elle se situe dans le prolongement de la réflexion de l'œuvre. Le mouvement que Benjamin développera dans sa philosophie ultérieure répond justement à la question de l'inachèvement. Mais tout l'édifice théorique hérité des romantiques doit être bousculé. Les réflexions sur l'allégorie baroque et l'écriture expérimentale de *Sens unique* peuvent être considérées comme une manière de prendre au sérieux l'inachevé.

La pleine positivité de cette critique contraste, par exemple, avec le concept de travail tel que Hegel a pu le développer dans la section « Maîtrise et servitude » de la *Phénoménologie de l'esprit*. Le travail nie la matière. Certes cette négation est l'étape obligée pour produire la réconciliation finale (à l'instar de l'opération critique menée par les romantiques), il n'en reste pas moins que le travail se heurte à une opacité fondamentale de la matière, opacité que les romantiques ont expressément exclue du domaine de l'œuvre.

Goethe se présente dans l'appendice de la thèse comme le contrepoint de la pensée romantique. Il permet de pointer les insuffisances que Benjamin repère dans le concept de critique, en même temps qu'il permet de poser de manière manifeste les problèmes posés à Benjamin par l'exclusion du contenu de l'œuvre. Pour les romantiques, « l'art était précisément le domaine où le romantisme s'efforçait de mener à bien avec la plus grande pureté la réconciliation immédiate du conditionné et de l'inconditionné »[16]. Pourtant, Goethe s'écarte du principe de réconciliation. Il présente l'œuvre singulière, non pas comme un fragment qui intériorise une totalité (l'absolu de la forme), mais comme *torso*, à savoir un fragment scindé d'une totalité, qui ne renvoie plus à elle :

> Certes, les œuvres individuelles ont part aux archétypes, mais entre leur domaine et les œuvres il n'existe aucun passage comparable à celui qui, dans le médium de l'art, va de la forme absolue aux formes singulières. Dans son rapport à l'Idéal, l'œuvre singulière reste pour ainsi dire fragment, torse[17].

Là où les romantiques pensent un rapport de continuité entre l'œuvre et l'absolu, Goethe voit une rupture entre l'idée et la singularité de l'œuvre : « jamais toutefois les œuvres ne sont en mesure d'atteindre ensemble, par une croissance vivante, l'unité de l'idéal lui-même »[18].

Les romantiques regardent l'œuvre depuis le point de vue de l'absolu, le fragment ne vaut qu'en sa forme pour permettre sa dissolution dans le tout. Goethe regarde l'œuvre depuis le point de vue de sa singularité : le fragment a une existence comme torse, indépendante de son idéal, et conserve sa dimension contingente.

Benjamin ne tranche pas entre ces deux conceptions, son effort consiste à dégager un point de tension. Les deux conceptions s'avèrent inconciliables pour la philosophie de l'art.

■ 16. W. Benjamin, *Le Concept de critique esthétique dans le romantisme allemand, op. cit.*, p. 170.
■ 17. *Ibid.*, p. 170.
■ 18. *Ibid.*, p. 170.

MORCEAUX DU RÉEL

Relever [*Aufheben*] ce que l'œuvre a de contingent, ce qui appartient au torse, c'est à quoi tend, chez Schlegel, le concept de forme. Au regard de l'Idéal, le torse est une figure légitime; dans le médium des formes il n'a aucune place. L'œuvre d'art ne saurait être un torse; elle doit être un moment mouvant passager dans la forme transcendantale vivante[19].

Cette tension n'est pas dissoute, mais reformulée dans les termes de l'actualité de la philosophie allemande :

Aujourd'hui encore, cet état de la philosophie allemande de l'art, tel qu'il se présente, autour de 1800, dans les théories de Goethe et des premiers romantiques, est légitime. Pas plus que Goethe les romantiques n'ont résolu, ni même seulement posé ce problème[20].

Benjamin prépare le terrain pour sa propre philosophie de l'art, capable à sa manière d'intégrer cette tension dans une nouvelle dialectique de la forme et du contenu[21]. Dans l'appendice le contenu revient comme une matière qui restitue sa singularité à l'œuvre et résiste à sa propre dissolution. C'est ce problème qu'affronte le travail de Benjamin : les romantiques n'ont pas su s'affronter à cette matière qui résiste, qui est opaque à la pensée. L'*Origine du drame baroque allemand* va livrer la procédure critique capable de traverser l'opacité du contenu, de confronter l'inachèvement de l'œuvre en dehors de la synthèse avec l'absolu : l'allégorie.

La part du contenu : mortification et allégorie

Pour se confronter à l'éclipse de l'idée et réintroduire un concept de critique capable de prendre en charge l'élément contingent de l'œuvre, Benjamin quitte le paradigme de la synthèse pour adopter celui de l'interruption[22] : mortifier l'œuvre n'est pas l'absolutiser. Ce mouvement correspond à une prise de distance radicale avec le romantisme (et la forme symbolique) au profit de l'étude d'une forme largement minorée par l'histoire de l'art : le signe allégorique constitutif du *Trauerspiel* allemand.

Comme on a pu l'exposer plus haut, le romantisme élabore un concept de critique à partir d'œuvres éclairées au grand jour de l'histoire, hautement réflexives. L'opération de Benjamin par la suite consiste à mettre à l'épreuve le concept de critique à même des objets marginalisés de cette histoire, indéniablement beaucoup moins achevés[23].

Dans les anagrammes, les locutions onomatopéiques, dans les nombreux jeux de mots de toute sorte, le mot, la syllabe et le son paradent, émancipés de tout rapport traditionnel de signification, comme des choses susceptibles

■ 19. W. Benjamin, *Le Concept de critique esthétique dans le romantisme allemand*, op. cit., p. 171.
■ 20. *Ibid.*, p. 174.
■ 21. L'essai sur *Les Affinités électives* de Goethe (1923), présenté comme une critique exemplaire par l'auteur, est la consolidation d'une théorie de la critique immanente qui déploie le point de tension mis en place dans l'appendice. On abordera ce problème dans la partie II.
■ 22. U. Steiner, « Kritik », *dans* M. Opitz et E. Wizisla (éd.), *Benjamins Begriffe*, t. II, Frankfurt am Main, Suhrkamp, 2000, p. 479-524.
■ 23. « Le *Trauerspiel* n'apparaissait que comme une forme maladroite et transitoire, comparée à la tragédie française ou anglaise, au théâtre de Calderón. », J.-M. Palmier, *Walter Benjamin. Le Chiffonnier, L'Ange et le Petit Bossu*, Paris, Klincksieck, 2006, p. 535.

d'être exploités dans l'allégorie. À tout moment, le langage du baroque est ébranlé par la rébellion des éléments qui le composent[24].

Objets qui n'arrivent pas à opérer la synthèse de leurs contingences dans un ordre formel, mais qui sont parcourus par des allégories, morcellements et fragments. Objets opaques qui dessinent un paysage profane de mort et de putréfaction.

Malgré son admiration pour certains des auteurs du *Trauerspiel* allemand, Benjamin n'hésite pas à qualifier ces pièces de médiocres[25], notamment quand on les compare aux ouvrages du baroque espagnol[26]. Mais c'est précisément en se confrontant à ce manque d'achèvement formel, incapable de formaliser toute divergence dans un ordre réflexif[27], qu'il trouvera la matière pour donner forme aux réserves sur les romantiques exprimées dans l'appendice de sa thèse :

C'est dans ce que les phénomènes ont de plus singulier, de plus bizarre, dans les tentatives les plus faibles, les plus maladroites, comme les manifestations les plus décadentes des époques tardives que la découverte peut le [l'authentique – le sceau de l'origine dans les phénomènes] mettre à jour[28].

Quel type d'opération conceptuelle, immanente, peut se dégager d'une œuvre qui n'est pas réflexive mais qui se présente à l'état de ruine, un morceau égaré, coupé de son rapport à sa transcendance ? Comment est-il possible de penser l'inachèvement, ce qui n'a pas de filiation à l'idée[29] ? Dans ce contexte, comme on a pu l'avancer plus haut, Benjamin formule la définition de la critique d'art comme « *mortification des œuvres* : il ne s'agit donc pas de l'éveil de la conscience dans les œuvres vivantes – au sens romantique –, mais de l'instauration du savoir dans ces œuvres, qui sont mortes »[30].

La forme du *Trauerspiel* se présente avec ses déchirures, c'est une forme trouée, incapable d'intégrer dans une totalité la multiplicité des œuvres. Son modèle c'est le torse :

C'est un regard de ce type qui s'impose encore dans la Description du torse de l'Hercule du Belvédère à Rome de Winckelmann : il l'expose pièce par pièce, membre par membre, dans un sens non classique. Ce n'est pas pour

---

■ 24. W. Benjamin, *Origine du drame baroque allemand, op. cit.*, p. 184.

■ 25. *Ibid.*, p. 62.

■ 26. « Jamais le théâtre allemand de la Contre-Réforme n'a réussi à trouver cette forme assouplie, se prêtant à toutes les virtuosités, que Calderón a données au théâtre espagnol. », *ibid.*, p. 61.

■ 27. « Rien de cette dialectique ne se trouve dans l'espace germanique de la Réforme. Ici le drame s'enfonce toujours davantage en une fuite irraisonnée vers une nature exclue de toute grâce ; son paysage de ruine et de mort se confond à tel point avec l'immanence qu'il ruine aussi bien l'écart du jeu : le *Trauerspiel* allemand apparaît comme rigide, s'abîmant complètement dans un désespoir sans dénouement. Sa tristesse est sans recours, mélancolie important en sa ruine jusqu'à la cohérence de la forme censée la représenter. », A. Birnbaum, « Variations du destin », préface à W. Benjamin, *Critique de la violence*, Paris, Payot & Rivages, 2012, p. 36.

■ 28. W. Benjamin, *Origine du drame baroque allemand, op. cit.*, p. 57.

■ 29. Ce problème est posé par G. Deleuze dans *Différence et répétition* comme l'exercice transcendantal des facultés. G. Deleuze, *Différence et répétition*, Paris, P.U.F., 1968.

■ 30. W. Benjamin, *Origine du drame baroque allemand, op. cit.*, p. 249. Le but de ce développement est de présenter plus tard l'écriture expérimentale de *Sens unique* comme l'exercice de cette critique mortificatoire, de cet éclatement du réel. Ici, Benjamin se confronte à l'inachevé de son présent : les objets du commun qui l'entoure sous l'atmosphère étouffante de l'hyperinflation d'après-guerre.

rien qu'il s'agit d'un torse. Dans le champ de l'intuition allégorique, l'image est fragment, ruine. Dès qu'elle est touchée par la lumière de la science théologique, sa beauté symbolique se volatilise[31].

L'œuvre morte, ayant perdu l'illusion de sa totalité, présente des morceaux libérés de l'organique (de la forme). L'idée de l'art s'avère impuissante à récolter l'hétérogénéité qui parcourt l'œuvre morte. La forme brisée, ses morceaux ne relèvent plus de cette idée, mais du profane, de la contingence du vrai monde[32] capable en revanche de nous livrer un savoir historique[33] plutôt qu'une configuration esthétique.

L'inachèvement formel de l'*Origine du drame baroque allemand*, perçu traditionnellement comme dénué de toute qualité artistique, permet de penser le contenu de l'œuvre d'art en dehors du domaine esthétique, de l'emprise de la forme et de l'idée d'art. La triade idéaliste éclate. L'œuvre n'est pas un hérisson domestiqué par l'idée de l'art, mais elle est ce qui unit des fragments du vrai monde qui s'agencent de manière instable, se disjoignent, s'agrègent, selon l'opération même de leurs diverses mises en rapport. Elle relève d'un savoir historique et non pas d'une totalité intemporelle parcourue par une identité eidétique comme l'Idée de l'art.

La dialectique romantique interdit au profane de l'œuvre d'entrer dans la vérité. L'idée de l'art signifie le fini par sa forme, mais il n'est pas considéré en soi, avec ses fissures, ses morcellements, ses incomplétudes. L'*Origine du drame baroque allemand* nous expose le contenu de l'œuvre en se plaçant à même les fissures de sa forme. Sa contingence, c'est-à-dire : ses matériaux, son ordre historique, son concept[34], sa technique, son espace d'exposition, son public et bien d'autres choses qu'on n'appréhende pas, mais qui seront libérés par la critique. Bref, tout ce qui est de l'ordre de sa contingence, du vrai monde, doit être déchiffré comme une vérité profane et non pas éclairé par la lumière éblouissante de l'idée. La singularité de l'œuvre est sauvée, et c'est au prix du dynamitage de ce qu'on nommait art : ensemble de règles et de valeurs esthétiques.

Le problème romantique est de montrer en quoi une telle formation relève d'une idée d'art qui traverse le temps de manière indifférenciée. Le problème benjaminien posé par le concept de critique est désormais de montrer en quoi une telle œuvre relève du réel de l'histoire ; celui-ci n'est pas simplement une continuité d'événements, mais un inachevé à déchiffrer et d'où l'histoire procède. Le savoir mortifie l'œuvre, c'est-à-dire l'expulse de l'art, la présente comme une vérité à déchiffrer à même ce qu'elle a de plus singulier, non pas

> L'œuvre relève
> d'un savoir
> historique

■ 31. W. Benjamin, *Origine du drame baroque allemand, op. cit.*, p. 240.

■ 32. W. Benjamin, *Œuvres*, t. I, *op. cit.*, p. 363.

■ 33. Dans une lettre à Rang, célèbre en ce qui concerne la critique d'art, il affirme : « La réflexion qui en effet m'occupe porte sur le rapport entre les œuvres et la vie historique. Je tiens désormais pour acquis qu'il n'y a pas d'histoire de l'art. », W. Benjamin, *Correspondance*, t. I (*1910-1928*), Paris, Aubier, 1979, p. 294.

■ 34. C'est le concept en tant qu'il est libéré de l'idée de l'art et de la forme, l'impensable de l'œuvre, ce que Benjamin nomme l'inexpressif.

sa forme, mais son réel, ce que l'artiste s'était, selon la logique romantique, attaché à faire disparaître du résultat.

La critique interrompt le mouvement réflexif de l'idée de l'art, c'est-à-dire qu'elle brise l'arc censé aboutir à la réconciliation de la finitude avec la transcendance. Par la violence de l'interruption du fleuve réflexif, elle produit un éclatement du réel en morceaux, elle met à jour, par-delà sa forme, l'hétérogénéité constitutive de l'œuvre, celle qui existe en dehors de toute formation esthétique. Fragments du vrai monde historique que l'œuvre contient et qui nous livrent ses significations historiques[35]. La critique quitte le royaume de l'art, mais pour faire voir le réel historique qui informe l'œuvre.

Benjamin expose la procédure de la *mortification* dans l'*Origine du drame baroque allemand*. La complexité de son concept s'éclaire quand on comprend qu'il s'agit d'une méthode.

L'objet de la critique philosophique, c'est de montrer que la fonction de la forme artistique est précisément celle-ci : faire de contenus réels de l'histoire, qui constituent le fondement de toute œuvre significative, des contenus de vérité de la philosophie. Cette transformation des *contenus réels* en *contenus de vérité* fait que le déclin de l'effet produit, dans lequel les charmes anciens parlent de moins en moins au cours des siècles, devient le fondement d'une reconnaissance, où la beauté éphémère s'effondre complètement et où l'œuvre s'affirme comme ruine[36].

Dans ces lignes, Benjamin fait appel à une singulière dialectique entre le réel et la vérité. Cette dernière n'est plus assimilable à une figure de l'absolu. Réel et vérité se retrouvent dans la critique, mais autrement que chez les romantiques. La chute en dehors de l'absolu ne mène pas Benjamin à abandonner le concept de vérité, mais à le reformuler à même le profane, comme tel[37]. Voilà l'effet de la critique mortificatoire, éclair de vérité philosophique dans l'hétérogène.

On a dit plus haut que dans l'appendice de sa thèse, Benjamin maintenait une tension entre la position des romantiques et celle de Goethe. Cette dialectique se développe dans l'essai « *Les affinités électives* de Goethe » (1923). Le choix de développer son concept de critique à partir de l'œuvre tardive de Goethe n'est pas sans ironie. Si Goethe exclut critique et œuvre l'une de l'autre, Benjamin lance un défi au grand écrivain classique des lettres allemandes, en proposant une critique immanente à son œuvre. Ce défi engage aussi un problème plus actuel et urgent, celui d'une rupture radicale avec l'univers mythique du cercle de Stefan George et de l'usage qu'ils font de Goethe. Cet exercice, il le présentera dans une lettre à Scholem comme exemplaire[38].

■ 35. « Rien ne rattache plus ces morceaux à l'art. Ils ne sont des éléments esthétiques que parce qu'ils sont des éléments de finitude : des échardes de réel à déchiffrer. », A. Birnbaum, « Variations du destin », *op. cit.*, p. 44.

■ 36. W. Benjamin, *Origine du drame baroque allemand*, *op. cit.*, p. 249. Nous soulignons.

■ 37. A. Birnbaum, « Variations du destin », *op. cit.*, p. 44.

■ 38. W. Benjamin, *Correspondance*, t. I (*1910-1928*), *op. cit.*, p. 258. Voir l'article de J.-O. Bégot, « Une critique "exemplaire" : *Les Affinités Électives* de Walter Benjamin », p. 41 *infra*.

La théorie qui se développe explicitement dans ces pages fait appel aux mêmes opérations que celles rencontrées dans l'*Origine du drame baroque allemand*. Benjamin réélabore le couple forme et contenu en le faisant passer par une dialectique entre contenu concret et teneur de vérité. Nous exposons ici cette opération dialectique comme procédure de la *mortification*. Benjamin pensait introduire une troisième partie dans l'*Origine du drame baroque allemand*, ce qu'appelle la méthodologie de la mortification intitulée justement « La tâche de la critique ». Parce que ce chapitre n'a jamais été terminé, nous sommes obligés de faire un pas en arrière pour trouver l'exposé de cette méthode dans le travail sur Goethe [39], ainsi que dans la correspondance avec Florens Christian Rang de l'année 1923 [40].

Avec cette dialectique, Benjamin vise à démontrer que la vérité n'est pas dans l'art comme la figure d'une réconciliation entre le sensible et l'intelligible, mais dans une interruption ou césure qui fait éclater l'apparence de totalité, et que la critique se doit de prendre en charge. La puissance de l'œuvre artistique réside dans le fait de présenter le sensible et l'intelligible dans un rapport, non pas de subordination, mais d'agencement dans lequel ils se distribuent autrement, dans lequel ils se reconfigurent.

Comme on a pu le voir jusqu'ici, la critique mortificatoire opère une première interruption. Elle brise l'ordre de la forme, expose le contenu de l'œuvre en dehors de la filiation à l'idée de l'art. Autrement dit, elle présente les œuvres d'art dans leur singularité, comme morceaux du réel, et non comme formes réfléchissant une relation à l'absolu censée les délivrer de leur finitude. La question devient alors : comment faire de ces contenus du réel (fragments du vrai monde de l'œuvre) un contenu de vérité ?

Cette interruption s'opère par le temps. En éloignant l'œuvre du contexte historique dans lequel elle a été créée, le temps ouvre une expérience critique susceptible de toucher à la vérité qui gît dans l'œuvre. Le temps dégage l'œuvre de ce que Benjamin nomme son contenu concret, et c'est à cette condition que le critique peut se confronter à sa teneur de vérité.

D'abord le travail critique commence par le commentaire du contenu concret. En se distinguant de l'acte critique, le commentaire éclaire les connexions de l'œuvre avec les idées, les événements et les autres associations propres à son moment historique de production. Ce n'est pas seulement l'œuvre en contexte, c'est le contexte dans la sphère de l'art qui est exposé. Du point de vue de la teneur chosale, l'œuvre est une totalité en harmonie avec son temps, elle en est le produit. Or, cette harmonie est problématique au même titre que l'est la forme chez les romantiques. Le commentaire restitue d'abord cette illusion de la totalité de l'œuvre, qui recouvre ses fissures, ses morceaux, la disparité qu'elle introduit dans le monde dont elle provient : il en épuise les significations.

■ 39. « L'essentiel de sa méthodologie est présenté dans son essai sur *Les Affinités électives*. », J.-M. Palmier, *Walter Benjamin. Le Chiffonnier, L'Ange et le Petit Bossu, op. cit.*, p. 479.

■ 40. Comme le souligne Florencia Abadi dans un texte éclairant au sujet de la critique d'art chez Benjamin, il existe une forte complémentarité entre la mortification et le concept d'inexpressif (*das Ausdruckslose*) à partir duquel Benjamin déploie le travail de la critique dans l'essai sur Goethe. F. Abadi, « El concepto de crítica de arte en la obra temprana de Walter Benjamin », *Revista Latinoamericana de Filosofía* 1, 2009, p. 113-144.

La tâche de la critique consiste à transformer ces contenus signifiés en vérités. Cette activité se développe à même les œuvres mortes, comme l'explique Benjamin dans l'*Origine du drame baroque allemand*. Le temps opère une division entre l'œuvre et le *continuum* historique dont elle procède. L'œuvre est morte parce qu'elle a perdu la plénitude d'avant, quand elle participait à une totalité. Le temps opère la césure qui brise cette illusion de totalité, sa belle apparence, pour nous la présenter comme ruine, torse. L'œuvre périmée se découvre traversée par ses artifices : sa technique, sa mise en espace, son concept, tout ce qui relève de sa contingence. La ruine libère l'œuvre de son harmonie esthétique, nous met devant les procédures qui la traversent, son réel est vrai, non pas vie, mais survie.

Dans *Pierre Menard, auteur du Quichotte*, Borges accuse Cervantès d'avoir mené une entreprise très simple, presque évidente : écrire le *Quichotte* c'était pour lui une nécessité historique, une opération de son temps. L'écrire quatre cents ans plus tard, c'est une opération littéraire qui renverse l'ordre du temps. La vérité s'éclaire quand la procédure se détache du *continuum* historique, quand l'œuvre se présente comme pièce séparée d'une totalité qui lui assigne un sens. Le principe de la critique mortificatoire est de court-circuiter cette illusion du sens.

Le temps brise donc la filiation entre l'œuvre et sa transcendance, ce que les romantiques ont cherché à conceptualiser sous le principe de réflexion. L'œuvre morte et inexpressive – et non pas l'œuvre vive et réflexive – s'avère capable de nous confronter à une vérité profane qui se dérobe aux illusions totalisantes de l'ordre historique.

Dans le même sens, Benjamin explique dans « La tâche du traducteur » comment la traduction mortifie elle aussi l'œuvre. La traduction expulse l'œuvre de sa lecture immédiate, du public auquel elle est originairement destinée, et la soumet à un contexte différent, étranger, pour lequel elle n'a pas été conçue. La traduction nie l'harmonie de l'œuvre, cassant à la fois son illusion de totalité ainsi que l'atemporalité de l'idée de l'art. Grâce à la traduction, le lecteur d'une autre langue se confronte à l'œuvre comme morceau, fragment arraché à une totalité. La belle apparence se perd dans la permutation des langues et de cette manière elle nous expose à l'ordre de sa contingence, un ordre qui n'est pas passé par une quelconque synthèse.

L'allégorie baroque constitue une procédure critique. Elle produit un renvoi de sens divergent. Une chose peut signifier une tout autre chose, dans un renvoi qui ne se limite pas, mais qui se veut infini. « Chaque personnage, chaque objet, chaque combinaison peut en signifier n'importe quelle autre »[41]. Les divergences des significations minent toute synthétisation du divers par la forme, comme dans une expression de type symbolique. Dans l'allégorie le contenu se bat avec le contenu. Elle démultiplie le sens, rate l'acte synthétique qui exclut le profane ou au contraire le sanctifie. Le profane parle au profane, retrouve sa vérité, un sens non limité par son statut de morceau, mais un sens libéré du carcan de l'idée. « Dans la vision allégorique, le monde profane

■ 41. W. Benjamin, *Origine du drame baroque allemand, op. cit.*, p. 238.

est donc en même temps élevé et abaissé »[42]. Abaissé parce que séparé de sa transcendance, élevé parce qu'il constitue une vérité en soi, par ses infinies connexions.

La critique n'est pas la réconciliation entre le fini et l'infini, mais le tramage d'un maximum de rencontres entre les aspects immanents de l'œuvre, à la manière d'un éclatement. Cette puissance est l'allégorie. On trouvera d'autres formulations de la mortification telles que par exemple la distraction et la reproductibilité technique. Avec elles, l'empire de la forme trébuche.

La critique comme mortification dans *Sens unique*

> Tous les coups décisifs seront portés de la main gauche.
>
> W. Benjamin

Le temps interrompt la réconciliation de l'œuvre avec l'absolu, expose celle-ci comme *ruine*. C'est à partir de la fragmentation que la critique mortificatoire va transformer les débris du monde en contenus de vérité. Cependant, cette procédure critique rencontre une difficulté : pour être effective, la critique doit attendre à chaque fois que l'œuvre devienne ruine, objet du passé. Autrement dit le critique doit laisser passer une période prolongée de temps pour pouvoir se rapporter à son objet. Ce principe laisse sous-entendre que la critique est une pratique proprement historique et donc incapable de se rapporter aux objets de son présent.

Benjamin lui-même a souffert de cette contrainte. Malgré la diversité des critiques et recensions publiées dans les journaux de son époque, nombre de ses tentatives les plus ambitieuses sont inséparables de sa pratique d'historien. Quand il critique par exemple les photographies d'Eugène Atget ou d'August Sanders, il part du principe qu'un certain temps s'est écoulé depuis que ces travaux ont vu le jour, et leur actualité a été mise à mal par le temps passé. Dans *Petite histoire de la photographie* (1931), il explique que l'heure de tenter une pratique d'historien sur la photographie est déjà arrivée[43]. La charge critique du *Livre des Passages* implique également une confrontation historique avec le XIXe siècle.

Pourtant, la ruine implique-t-elle toujours une dépendance du passé ? et en conséquence, est-elle toujours objet pour le seul historien ? L'artiste américain Robert Smithson explique éprouver un sentiment de profonde étrangeté devant les chantiers des maisons de banlieue américaine dans les années soixante. Devant ces *Tract Houses* ou pavillons standardisés en construction, il ne peut s'empêcher de reconnaître des ruines. Même si ces constructions n'ont toujours pas été terminées, elles sont déjà des ruines, des torses scindés de la totalité[44]. Cet exemple nous aide à mieux comprendre le

■ 42. W. Benjamin, *Origine du drame baroque allemand*, *op. cit.*, p. 239.

■ 43. W. Benjamin, *Œuvres*, t. II, *op. cit.*, p. 296.

■ 44. « Ce panorama zéro semblait contenir des ruines à l'envers, c'est-à-dire : chaque nouvelle construction pouvant finalement être bâtie. C'est l'opposé de la "ruine romantique" car les bâtiments ne tombent pas en ruine après avoir été construits, mais plutôt s'élèvent en ruine avant d'être construits. Cette mise-en-scène anti-romantique suggère l'idée discréditée de temps et bien d'autres choses démodées. Mais les banlieues existent sans passé rationnel et hors des "grands événements" de l'histoire. Oh, peut-être qu'il y a quelques statues, une légende et une poignée de bricoles, mais pas de passé – seulement ce qui passe pour un futur. », concept de ruine. Elle n'est pas nécessairement le devenir archéologique des objets du passé, mais une modalité ontologique du présent : l'inachèvement.

Sens unique devient le lieu à partir duquel Benjamin va déployer la procédure critique de la mortification des œuvres à même le présent, qui est mort[45]. On y trouve d'abord une collection de matériaux divergents à partir de laquelle la critique va pouvoir se déployer. On voit également Benjamin adopter une forme d'écriture allégorique et fragmentaire. Ces deux opérations n'ont pas pour but de replacer le matériau dans une totalité organique, mais au contraire de briser l'unité sous laquelle le réel se présente. Les éclats peuvent entrer dans de nouvelles constellations de sens, agencements intempestifs entre le sensible et l'intelligible qui traversent le contenu réel. Suivant ce principe, *Sens unique* est un livre expérimental : il met à l'épreuve du présent la procédure allégorique amorcée dans son étude sur le baroque.

Le titre de l'ouvrage indique de quelle manière le présent s'offre à la critique : *Einbahnstraße, Rue à sens unique* – et non pas simplement *Sens unique* comme le titre est traduit en français. Il ne s'agit pas de faire référence à une quelconque univocité de sens, *Einbahnstraße* se dit à propos de la signalétique routière. La couverture de l'édition originale dans laquelle est paru l'ouvrage chez Rowohlt renforce la dimension matérielle, directionnelle suggérée par le titre. Un photomontage réalisé par Sasha Stone nous fait voir un panneau qui nous contraint – si l'on s'engage dans cette voie – à continuer dans un seul et même sens et, en conséquence, à nous confronter à une suite d'objets qui s'impose à notre regard pour la durée d'un instant, et qui n'ont d'autre lien que celui du hasard d'une déambulation urbaine. Ce propos s'explique dans le fragment intitulé « Colis de détail : expédition et conditionnement » :

> Je roulais tôt le matin, en voiture, à travers Marseille, en direction de la gare, et comme, en cours de route, surgissaient des actions connues de moi, puis nouvelles pour moi, inconnues, ou d'autres que je ne pouvais me rappeler qu'imparfaitement, *la ville devint un livre entre mes mains*, où je jetais encore deux coups d'œil rapides, avant qu'il n'aille dans la malle du grenier, qui sait combien de temps, hors de ma vue[46].

L'index qui se trouve à la fin de la version originale de 1928 présente précisément la suite d'objets que la rue à sens unique impose au passant[47]. L'incohérence et la diversité formées par la série sont le simple effet de la rue elle-même, avec ses panneaux, ses magasins, ses espaces publics et sa bureaucratie commandés en dernière instance par la nécessité que le marché impose.

R. Smithson, « The Monuments of Passaic », in *Robert Smithson : The Collected writings*, Berkeley, University of California Press, 1996, p. 69.

■ 45. « Les temps présents se montrent aux antipodes exacts de la Renaissance. », W. Benjamin, *Sens unique*, Paris, Payot, 2013, p. 93.

■ 46. *Ibid.*, p. 175. Nous soulignons.

■ 47. Pour aborder les aspects formels du livre, tels que sa mise en page, son ordre, les images ou la typographie dans lesquels Benjamin s'est directement impliqué, nous nous référerons à l'édition originale de 1928. Ces déterminations formelles se sont perdues dans les nombreuses rééditions que le livre a connues depuis sa parution.

La distraction commande la sélection d'objets. L'écriture traduit une expérience du type de la promenade en voiture à Marseille. Benjamin se laisse bercer par les impressions fugaces provoquées par la rencontre de son regard avec les objets qui se présentent. Leur ordre d'apparition n'est que contingent, il peut être modifié par le lecteur : l'ordre commence avec chaque lecture, au milieu. Les objets s'imposent à celui qui en fait expérience, sur le mode du choc :

> Le regard mercantile, aujourd'hui le plus réel, qui pénètre au cœur des choses, c'est la publicité. Elle annihile la marge de manœuvre que ménage l'examen, *et nous jette les choses au front aussi dangereusement qu'une automobile, se rapprochant de façon inquiétante sur l'écran de cinéma, se précipite sur nous en vibrant*[48].

Dans ce fragment, Benjamin explique que le passant urbain n'est pas capable de contemplation. Ce n'est plus un sujet transcendantal qui constitue le paysage à partir de ses propres affinités. Maintenant, c'est la publicité qui nous jette les choses du monde dessus.

Conçu sous une forme revue par Benjamin lui-même, *Sens unique* permet de rendre sensible ce choc ou cette vitesse qui dominent l'expérience visuelle urbaine. Les fragments pour la plupart très courts ne demandent qu'un bref temps de concentration. Ils opèrent par éclats, sans exiger une lecture continue. Libérée de la contrainte de la continuité – que Benjamin nomme l'horizontalité du livre imprimé – de la cohérence entre parties, le lecteur traverse les pages dans un ordre vertical :

> L'écriture, qui avait trouvé un refuge dans le livre imprimé, où elle menait son existence autonome, est impitoyablement entraînée dans la rue par la publicité et soumise aux hétéronomies brutales du chaos économique. C'est l'initiation implacable de sa forme nouvelle. Si, des siècles durant, elle se mit progressivement à s'allonger, passant de l'inscription verticale à l'écriture manuscrite, qui repose inclinée sur des pupitres, pour finalement se coucher dans la typographie, elle commence maintenant, tout aussi lentement, à se relever à nouveau. Le journal, déjà, est plus lu à la verticale qu'à l'horizontale, et le cinéma comme la publicité poussent entièrement l'écriture à la dictature de la verticale[49].

L'ouvrage constitue une réponse à ce réel qui se jette sur nous. Comment faire de ce profane à sens unique un contenu de vérité sans lui assigner un ordre synthétique pour autant ? Tel est le problème auquel se confronte désormais Benjamin. La procédure allégorique permet de restituer cette expérience : elle l'élève et la rabaisse à la fois, inversant son potentiel[50]. Loin de constituer une opération esthétique, c'est le réel de la ville, ou plutôt le réel de l'expérience que la ville nous impose en tant que tel, qui entre dans l'espace du livre. Sans maîtrise, l'allégorie permet de saisir les différentes

■ 48. W. Benjamin, *Sens unique, op. cit.*, p. 171. Nous soulignons.
■ 49. *Ibid.*, p. 94.
■ 50. A. Birnbaum, « Variations du destin », *op. cit.*, p. 45.

dimensions, intelligibles et sensibles, qui parcourent les choses du quotidien. Dans la version originale de l'ouvrage, on peut trouver plusieurs fragments sur une même page, ce qui en accentue la dynamique allégorique.

Le propos de cette allégorisation du monde présent consiste à ressaisir l'expérience du profane qui se donne sous la modalité du choc, non pas pour la contester, mais pour s'emparer de sa puissance, celle-là même qu'il décrit à l'aide de la métaphore de l'éventail :

> [L]a faculté d'imagination est le don d'interpoler dans l'infiniment petit, de découvrir dans chaque intensité, envisagée comme extensive, sa plénitude nouvelle auparavant comprimée ; bref, de prendre chaque image comme celle d'un éventail replié, qui d'abord va chercher sa respiration dans le déploiement, et qui trouvant une nouvelle envergure, révèle en elle les traits de l'être aimé[51].

L'allégorie se présente comme l'opération littéraire qui *mortifie* l'expérience de la ville et introduit un savoir autre que celui du déploiement réflexif des romantiques. Elle fait éclater les objets en leur imprimant un sens divergent qui en disloque l'unité. L'identité est fissurée, le moi partout dispersé. La construction allégorique troue l'expérience du choc provoquée par ces objets morts que la vie urbaine met en mouvement au profit du marché.

L'allégorie est une expression qui produit un étonnement chez le lecteur : tout objet peut signifier toute autre chose. Les titres ne coïncident pas avec les textes qui les suivent. Il ne s'agit jamais d'une description ni d'un déploiement réflexif, mais d'une rencontre entre deux ordres hétérogènes dans l'espace de la page : un morceau du réel – un contenu concret – et la critique qui vise sa teneur de vérité. Il ne s'agit pas de trouver ce qui se cache derrière l'objet, mais d'exposer les impasses qui minent l'expérience du sujet contraint de traverser la rue à sens unique.

Sans lien descriptif, le texte vient court-circuiter l'image que nous pouvons anticiper à partir du titre. La teneur chosale (le sens concret de la chose) est interrompue par l'allégorie : le monde de notre expérience quotidienne est exprimé comme monde marchand ou monde de la consommation. Il expose par la permutation allégorique, ses fissures, sa fragmentation, ses lacunes. Par sa forme aphoristique, l'ouvrage expose le contenu de vérité de ce monde débridé des choses qui *rejettent l'homme, avec douceur, mais ténacité*[52].

« Allemands, buvez de la bière allemande ! » évoque l'image d'une annonce qui encourage la consommation de bière de production nationale. Devant cet appel, le texte qui le suit, très bref, souligne les effets pervers d'une consommation nationaliste : la formule insistante d'adresse au peuple allemand lui enjoint de se presser vers les grands magasins, comme autrefois sur les champs de bataille. Mais le texte s'achève sur un aphorisme qui rend compte de l'échec du modèle de consommation de masse que le titre encourageait : *la marche en parade de la misère, la queue*[53]. Cette dernière phrase renvoie au phénomène de queues interminables, effet de la période

---

■ 51. W. Benjamin, *Sens unique, op. cit.*, p. 132.
■ 52. *Ibid.*, p. 81.
■ 53. *Ibid.*, p. 99.

inflationniste traversée dans l'après-guerre. L'allégorie expose le panneau publicitaire comme le contre-reflet d'une expérience qui brise notre rapport le plus intime aux choses : le monde pétrifié de l'inflation.

La plupart des fragments de *Sens unique* sont écrits sur une période de six mois à Paris durant l'année 1926. Dans le même temps, Benjamin est occupé par une traduction menée en collaboration avec son ami Franz Hessel, celle de deux volumes d'*À la recherche du temps perdu*. *Sens unique* est donc un livre écrit avec la main gauche, dans les interstices du grand travail de traduction. Mais un passage central de l'ouvrage, « Panorama impérial, voyage à travers l'inflation allemande » est rédigé antérieurement à cette période. Il est écrit au long de l'année 1923, en pleine période inflationniste[54]. Cette expérience historique s'avère déterminante pour ce qui constitue l'intérêt du texte. Et quand bien même l'expérience inflationniste est achevée avant que Benjamin n'entreprenne la rédaction de *Sens unique*, ses conséquences se font toujours sentir.

L'inflation ruine le présent : un paysage pétrifié d'objets qui rejettent l'homme en même temps qu'il est poussé par la contrainte du pur échange marchand. Le devenir ruine du monde ouvre la possibilité du travail critique qui s'exprime par l'allégorie. Dans le fragment « Panorama impérial », Benjamin met en œuvre cette critique en décrivant les effets de cette pétrification comme la décomposition des idéaux de sécurité et de propriété qui ont caractérisé des décennies de la vie de Monsieur-tout-le-monde[55]. Le monde des choses ne représente plus une unité, mais des torses, fragments d'une totalité perdue. La stabilité économique et sociale du temps d'avant-guerre est devenue l'exception :

> Seul un calcul qui reconnaît trouver dans le naufrage l'unique raison à la situation présente pourrait aller outre l'étonnement débilitant devant ce qui se répète tous les jours, afin de comprendre les phénomènes de déclin comme des phénomènes stables par excellence, et le salut comme la seule chose presque fantastique et incompréhensible, exceptionnelle[56].

Pour décrire mieux ce scénario de déclin de la bourgeoisie allemande, Benjamin parle de misère « nue ». L'argent interrompt le flux de confiance, de calme et de santé dans un double mouvement : d'un côté il est au centre de tous les intérêts vitaux, mais d'un autre côté il est la barrière sur laquelle l'ensemble des relations humaines vient s'échouer[57]. La pauvreté liée au chômage généralisé se distingue de la pauvreté spécifique de celui qui travaille mais qui ne gagne pas assez. Elle devient une détermination ontologique qui frappe des millions d'hommes : « La saleté et la misère s'élèvent autour d'eux comme des murs, l'œuvre de mains invisibles »[58]. Les hommes eux-mêmes

■ 54. « En janvier 1923, 1 dollar s'échangeait contre 18 000 marks, 4 600 000 en août, 8 millions en novembre. », J.-M. Palmier, *Walter Benjamin. Le Chiffonnier, L'Ange et le Petit Bossu, op. cit.*, p. 234.
■ 55. W. Benjamin, *Sens unique, op. cit.*, p. 73.
■ 56. *Ibid*, p. 74.
■ 57. *Ibid*, p. 76.
■ 58. *Ibid*, p. 77.

sont devenus des fonctionnaires de la marchandise, des représentants de cette matière récalcitrante.

Ce paysage se rapproche de celui de l'*Origine du drame baroque*. Benjamin le compare à un théâtre de l'horreur :

> Tout se passe comme si l'on était retenu prisonnier dans un théâtre, et comme s'il nous fallait suivre la pièce jouée sur scène, qu'on le veuille ou non, et comme s'il nous fallait faire de celle-ci, encore et toujours, qu'on le veuille ou non, l'objet de nos pensées et de nos paroles[59].

Comme on a pu le voir, c'est sur ce monde réduit à l'état de ruines, sur ce paysage mort du présent que Benjamin déploie sa critique mortificatoire dans *Sens unique*. Le signe allégorique du baroque est devenu une opération littéraire qui opère une permutation de sens à même ces ruines du présent. Ce processus ne consiste pas à vouloir *tuer* ces objets, ils sont déjà morts. Au contraire, la permutation de sens permet d'inverser leur potentiel. À partir d'une série d'objets qui s'impose au passant de la rue, les marchandises sont re-signifiées par l'allégorie. Sa quotidienneté est éclatée en nouvelles constellations de vérités que la critique expose par aphorismes. Dans ce paysage où les objets nous choquent et l'argent anéantit la libre parole, le monde profane est rempli d'un nouveau contenu produit par sa propre contingence.

Conclusion

Alors que l'*Origine du drame baroque allemand* approfondit la rupture de la synthèse réflexive, *Sens unique* met à l'épreuve la critique mortificatoire face à l'urgence sociale du présent. Cette expérience littéraire produit une double dislocation du concept de critique tel qu'il a pu être amorcé dans le baroque : en premier lieu la critique se détache de l'usure du temps comme condition nécessaire pour son exercice, donc elle s'écarte de la pratique de l'historien. En deuxième lieu, elle n'est plus restreinte au seul domaine de l'œuvre d'art, elle s'affirme comme une procédure conceptuelle qui s'exerce à même le vrai monde : le contingent qui déborde toute sphère autonome.

Ainsi, libérée de la contrainte de l'histoire mais aussi de celle de l'art, la critique déploie sa puissance ontologique capable d'ébranler le réel, de l'éclater en morceaux. Plutôt qu'une forme d'analyse qui fait l'anatomie du monde, la critique s'affirme comme une puissance d'action sur les choses, capable de court-circuiter l'ordre sensible dans lequel les choses s'inscrivent et circulent. La procédure allégorique exposée dans *Sens unique* relève de ce mouvement.

Par l'analyse de cet ouvrage, on a démontré que cette puissance d'action s'avère redevable du concept de ruine comme modalité ontologique du présent, sans engager la corrosion du temps comme sa condition de possibilité. S'écartant du principe de réconciliation qui recouvre le fragment d'une aura d'unité ou d'achèvement, la ruine expose ses irrégularités et disparités. Ces déterminations ne renvoient à aucun manque. Au contraire, le champ du sensible et de l'intelligible s'enrichit par ses propres contingents, autrement invisibles sous l'ombre de la forme et le primat éblouissant de l'idée. Enrichi

■ 59. *Ibid.*, p. 80.

parce que ruiné, ce champ permet une nouvelle expérience critique. *Prendre au sérieux l'inachevé* constitue le programme d'une critique immanente qui investit le réel coupé de sa transcendance pour mieux l'exposer comme vérité profane.

Andrés Goldberg
Doctorant à l'Université de Paris VIII

LES INTROUVABLES DES CAHIERS

WALTER BENJAMIN : QUELQUES TEXTES[1]

Le concept de critique est un des concepts cruciaux de la philosophie de Walter Benjamin. Il désigne à la fois une pratique, la reprise et la modification d'une filiation théorique qui relève aussi bien des premiers romantiques, des nouvelles approches en histoire de l'art inaugurées par Aloïs Riegl, d'une déterritorialisatation de la philosophie hors du champ universitaire. Dans ce qui suit, on trouvera des échantillons de ce travail.

L'Œuvre d'art verbale. *Moyens de son étude. Par* **Oskar Walzel.** *Leipzig, Quelle und Meyer. XVI, 349 pages. Relié. 14 marks*[2].

Le titre de cette série d'essais sur l'esthétique veut dire : on a ici affaire à un livre typiquement moderne, essentiellement tel, soit à un livre où le juste est faussement conçu et le faux justement conçu. D'emblée il est captivant, inattaquable, sérieux, d'une expression soignée, tolérant. Mais il ne s'y trouve pas un seul motif qui ne flotte tel un bouchon dans le flux des travaux de séminaire, pas une seule pensée qui, pour un objet en valant la peine, ne mesure ses forces avec une autre pensée, pas un seul tournant que seul un penseur auquel s'est ouverte une création poétique ne mène à bonne fin. Dans des analyses dont la genèse remonte en partie jusqu'à 1910, s'expose la convention la plus récente à chaque fois dans l'ordre de la recherche, en donnant toujours plus d'importance à elle-même qu'à n'importe lequel de ses objets. Elle fournit au jour ce qui est du jour, et présente l'actualité mineure, qui se distingue de la vraie par une nuance, à savoir qu'aucune contradiction ne lui échoit. Ce recueil peut être assuré d'une réception favorable. Il a son salaire en cela. — Non qu'il renvoie ses lecteurs sans les avoir instruits.

■ 1. Les traductions sont de Philippe Ivernel. L'édition *Critiques et recensions*, où sont parus la plupart de ces textes, se conforme à la présentation des titres, à la signature présente ou absente, aux notes, à l'orthographe, même fautive, des titres et des noms propres de l'édition originale. Il en est de même de la ponctuation. Aussi ne s'étonnera-t-on pas de dérogations par rapport à l'usage courant. Les notes de Benjamin sont indiquées, comme dans le texte d'origine, par *). Les notes des éditeurs sont précédées d'une numérotation.
■ 2. W. Benjamin, « L'Œuvre d'art verbale », *Œuvres et Inédits*, t. 13 : *Critiques et recensions*, trad. fr. M. Dautrey, P. Ivernel et M. Métayer, Paris, Klincksieck, 2018, vol. 1, p. 55-57 ; W. Benjamin, *Werke und Nachlaß. Kritische Gesamtausgabe*, t. 13 : *Kritiken und Rezensionen*, H. Kaulen (éd.), Berlin, Suhrkamp, 2011, vol. 1, p. 55-56 ; première publication : *Frankfurter Zeitung*, 71e année, n° 832, 7 novembre 1926, 2e édition du matin, p. 7 (cahier littéraire du *Frankfurter Zeitung*, 59e année, n° 45).

Principes fondamentaux et *Problèmes de détail* sont parcourus par l'auteur en une série de réflexions intelligentes, significatives. Seulement : ce qui est ici exploré, ce n'est pas la littérature, mais la façon d'écrire et de parler à son sujet. Certes l'« analyse formelle » se trouve à l'ordre du jour. Mais on désigne ainsi deux sortes de choses. D'un côté, le travail du chercheur doué de flair et versé dans la méthode. De l'autre, celui du maître qui pénètre dans les contenus factuels si profondément qu'il réussit à enregistrer la courbe de leurs battements de cœur telle la ligne de leurs formes. Ainsi fut le seul *Riegl*, auteur de cette fameuse *Industrie d'art à l'époque romaine tardive*, où la compréhension approfondie du vouloir matériel d'une époque s'exprime en quelque sorte d'elle-même comme l'analyse de ses canons formels. Ici, l'examen devait nécessairement tomber sur les données formelles de façon très appropriée, sans avoir nul besoin de les expliquer comme des « thèmes » préconçus, des « problèmes » sans attache. Certes Walzel a été influencé, comme lui-même le souligne, par de tels tournants récemment survenus en esthétique... Moins par Riegl, à vrai dire, que par les schémas plus abstraits, plus douteux de Wölfflin. Si (malgré les analyses, dont il faut le remercier, sur la forme de la prose) il reste loin derrière son modèle, la faute en est à cette « identification » (*Einfühlung*) grossière qui souille presque tous les travaux d'histoire littéraire. Tant que le clan des fatals adeptes du « co-vécu » (Walzel ne ressent rien de l'effroi répandu par ce mot et par cette chose) ne sera pas éliminé, la critique littéraire demeurera laide et stérile comme une vieille fille, et le magister son seul galant. Ce genre de critique se trahira toujours par l'« ampleur » de ses objets, par son geste « synthétique ». La pulsion lubrique portant sur le « grand tout » est son malheur. L'amour de la chose, quant à lui, s'en tient à l'*unicité radicale* de l'œuvre d'art et surgit du point d'indifférence créatrice où la compréhension de l'essence du « beau » ou de l'« art » s'entrecroise et se compénètre avec l'intelligence de l'œuvre unique et irremplaçable. Elle entre en elle comme à l'intérieur d'une monade qui, comme nous le savons, n'a pas de fenêtre mais comporte en elle la miniature du tout. De tels essais ne se trouvent que trop rarement. (L'étude de *Hellingrath* sur la traduction hölderlinienne de Pindare en était un).

Walter Benjamin.

Comment s'expliquent les grands succès de livres ?
Herbes bonnes et mauvaises – un herbier suisse.
Par *Walter Benjamin*[3].

Notre critique des livres colle aux nouvelles publications. Il n'y a guère une de ses caractéristiques, en particulier de ses fragilités, qui ne tienne à cet état de fait. Les informations se succèdent chaque jour ou chaque heure. Les connaissances ne peuvent rivaliser de vitesse avec elles. On dispose alors de réactions qui, chez les critiques, répondent aux stimulants littéraires (la

■ 3. W. Benjamin, *Œuvres et Inédits, op. cit.,* t. 13-1, p. 322-329 ; W. Benjamin, *Werke und Nachlaß, op. cit.,* t. 13-1, p. 317-324 ; première publication : *Frankfurter Zeitung*, 75ᵉ année, nᵒ 436, 14 juin 1931, 2ᵉ édition du matin, p. 7-8 ; nᵒ 434-436, 14 juin 1931, *Reichsausgabe* (édition du Reich), p. 19-20 (cahier littéraire du *Frankfurter Zeitung*, 64, nᵒ 24).

nouvelle publication) avec la même rapidité que celle avec laquelle se suivent les livres. Information et réaction – c'est sur la combinaison sans faille de ces deux éléments que repose l'impact de l'activité de recenseur. Et ce qui s'appelle « jugement » ou « évaluation » ne constitue que le témoin qu'ils se passent l'un à l'autre au moment de se relayer. Qu'à la manière d'« évaluer » ainsi les livres puisse en être opposée une tout autre : procéder à leur exploitation cognitive, voilà qui n'a besoin d'aucune démonstration. Car soudain, le point de vue strictement esthétique devient fort insuffisant, l'information du public chose secondaire, le jugement du recenseur sans portée. En revanche, bon nombre de questions entièrement nouvelles passent au premier plan : à quelle circonstance l'œuvre doit-elle son succès ou son insuccès ? Qu'est-ce qui a déterminé le vote de la critique ? À quelles conventions s'attache-t-il ? Dans quels milieux cherche-t-il ses lecteurs ? C'est un accommodement et une convalescence de la critique, un assainissement qui se frayent la voie avec la nouveauté d'un tel regard. Ses marques distinctives : être indépendant de la nouvelle publication ; concerner les écrits scientifiques aussi bien que les belles-lettres, rester indifférent à la qualité de l'ouvrage pris pour base. La critique regagnera le plus facilement avec ces tâches le niveau et l'attitude qu'elle a gâchés dans le journalisme, mais abandonnera pour absurde et choquante la prétention, sur laquelle elle s'appuie aujourd'hui, à l'infaillibilité des réactions. Que l'exploitation cognitive des livres devienne identique à leur « évaluation » littéraire – ce rare optimum de la critique ne présuppose pas seulement le parfait critique : même lui ne peut parvenir à ce but que là où la grande œuvre fait son objet.

Avec cette conscience, il est d'autant plus alléchant de se tourner vers une petite chose qui ne sera pas forcément moins parfaite. L'herbier du prêtre Künzle*) est un écrit comme ne peut s'en souhaiter avec plus de reconnaissance non seulement le malade, mais aussi le recenseur. Le nouveau recenseur tout du moins auquel il est fait appel ici. Là où l'ancien voit bâiller devant lui l'ampleur des forêts et des prairies de la littérature populaire, le nouveau, lui, matérialiste d'orientation, est attiré par les plus verts pâturages. Verte naturellement la couverture de ce livre, et le tirage – chiffres botaniques, sinon astrologiques – suffit à dénombrer les herbes d'un petit pacage. De 720 à 730 mille – voilà qui fait battre plus fort le cœur du nouveau recenseur. Il a donc sous les yeux un des livres pour lesquels les concepts de critique ainsi que de petites annonces dans la presse, de bibliothèque ainsi que d'assortiment, ont perdu leur validité ; un livre où les grandes œuvres de la littérature gisent dans les profondeurs, aussi minuscules que les forteresses et les villes, les cathédrales et les palais sous les herbes dures des alpages les plus élevés. Et parce que ce devrait être *à côté de la Bible le livre le plus répandu en Suisse*, il est sans doute naturel aussi que – à sa manière profane – il fasse en soi bonne figure en termes de bibliographie. On peut même dire que cette figure est le pendant, d'une façon bien bouffonne, de la version biblique en la

*) *Chrut und Uchrut [Herbes et mauvaises herbes]*. Petit livre des plantes médicinales d'usage pratique par Joh. Künzle. Prêtre soignant par les herbes, à Zizers près de Coire (Suisse). P. Unterberger, Verlag, Feldkirch.

matière. Où sinon eût-on dû lire comme premiers mots du titre, et au surplus en lettres grasses : « Reproduction interdite » ? Puis à la deuxième page s'ensuit « Explications du vocabulaire pour non-Suisses », tandis que parmi elles une annonce fait de la réclame pour une édition scolaire de l'ouvrage où a été laissé de côté « tout ce qui ne convient pas pour les écoliers ». Page 3, un échantillon des préfaces laconiques ayant conduit le livre sur sa route à travers les centaines de milliers. Ainsi pour l'édition des 140 000-180 000 : « *Le bon Dieu a procuré le succès à mon petit livre. Le peuple se l'arrache, les vieilles herbes bien honnêtes reviennent à l'honneur et les Gütterli (flacons) aux noms étrangers si dédaigneux retombent en suspicion, le petit écrit continue d'être imprimé en hommage à Dieu et au profit du peuple.* »

Celui qui a déjà un peu feuilleté ou appris à lire entre les lignes notera : *au profit du peuple, en défi aux médecins.* En sous-main, effectivement, mais d'autant plus obstinément, on s'attaque ici aux médecins, comme dans toute médecine populaire. C'est un authentique paradoxe, mais une contradiction juste apparente, que la Suisse, dont les médecins possèdent une réputation européenne, fut depuis Paracelse la terre promise de toute médecine populaire, depuis l'homéopathie la mieux fondée jusqu'au charlatanisme le plus éventé. L'un et l'autre sont certainement liés à la prépondérance d'une population rurale. Le *paysan* possède en son corps de toutes parts un moyen de production indispensable ; tout dommage, fût-il extrêmement limité, est plus difficile à compenser pour qui travaille dans l'agriculture que pour l'ouvrier d'industrie. D'où ce sentiment précis que le paysan a de son corps, d'où aussi la jalousie avec laquelle il veille sur lui. À coup sûr, le prêtre Künzle s'est fait un allié de l'un et de l'autre. Que le salut et que surtout sa propre science viennent de la paysannerie et veuillent y retourner, il ne rate pas une occasion de le dire. Oui, chez ce Suisse original, ici, se ressent quelque chose comme une Internationale de la paysannerie. Autant il sépare ses protégés avec acharnement des gandins à la mode, des hyper-érudits, des amoureux transis et des esprits pantouflards dans les villes, autant il peut faire appel généreusement, parfois, quand il s'agit des paysans, et ce avec une conscience de citoyen du monde vraiment digne de Hebel, aux expériences de cet homme « qui comme une vieille bouteille de vin était bouché ». Ni pilules ni poisons ne sont plus d'aucun secours à la longue. Alors ses activités entraînèrent que cet homme dut vivre un trimestre parmi les paysans de la France du Nord. « Là-bas, on ne lui servit plus de viande » – cette viande à propos de laquelle Künzle flanque également aux Suisses une frousse d'enfer – « mais du lait, de la bouillie d'avoine, beaucoup de légumes, de la petite bière ». Et c'est ainsi qu'il a recouvré la santé à la table des paysans.

L'homme aux herbes est un connaisseur de la nature, certes. Mais il n'inspire de confiance inébranlable en son savoir qu'en ne laissant planer aucun doute sur sa position parmi les humains. Il faut que les humbles avec lesquels il se solidarise trouvent évident que, au sein de la nature aussi, le plus inapparent soit précisément le meilleur, parce que son apologie de la mauvaise herbe ne constitue que l'envers de ses convictions sociales proclamées. « Les mauvaises herbes dans leur ensemble sont en effet des plantes médicinales. » Ainsi la plus commune et la plus méprisée d'entre elles s'appelle le « plantain des chemins ;

il ressemble au pauvre journalier qui partout doit passer par en bas alors qu'il hausse tout un chacun, nettoie le fossé, élit le gouvernement, mais sans jamais entrer lui-même dedans », en vérité la meilleure et la plus répandue de toutes les plantes médicinales. C'est ici la fierté civique, la fierté démocratique qui donne le ton – cela étant, un son assez strident ; avec le gui, se mêlent déjà des accents rebelles. « Mauvaise herbe importune, officiellement interdite, et proscrite de par la loi, aux prises avec tous les conseils communaux et gendarmes à pied » elle est néanmoins toujours là « dans tous les 22 cantons, à proprement parler par défi. » Et ce n'est qu'un bonheur ; le prêtre l'a déjà plantée, en règle générale, dans le cœur des paysans.

La tradition est la grande source de connaissance qui permet aux simples de prendre l'avantage en esprit sur le bric-à-brac des formules prétentieuses chères à ceux qui ont fait des études. Le prêtre Kneipp, qui lança le mot d'ordre du « retour à la nature », le père Ludwig, « ancien professeur de botanique à Einsiedeln », maintenant défunt vieillard, jubilaire, enfin le Seigneur lui-même, « modèle le plus achevé de la vie purement naturelle, l'idéal d'un être humain », sont les fondateurs de cette tradition, ayant aussi en commun avec la Révélation que de temps à autre les païens surent la proclamer. Ainsi mainte plante médicinale est-elle authentifiée dès avant la naissance du Christ. Inlassablement fut augmenté ce trésor, et il n'y a donc presque aucune maladie contre laquelle ne serait mentionnée quantité de moyens. La plupart existent en proportion de cet accroissement, et se renforcent toujours davantage. C'est le vieux schéma de la médecine populaire : *quod ferrum non sanat…* Mais la chose devient parfois mystérieuse : d'un seul coup alors, le plus fort de tous les remèdes, le dernier, est en même temps le plus simple. Neuf herbes montent en ligne contre le mal de dents, mais à la fin il est dit : « Lave-toi tous les matins la figure à l'eau froide, bien pure ; mais ne la sèche qu'au bout de cinq minutes ; voilà qui apporte le calme aux gens ne trouvant plus aucun moyen. » Il suffit de penser à l'ordonnance médicale et l'on voit à l'instant ce qu'il en est de cette multiplicité de moyens. « Voici et voilà » dit le médecin, et c'est son diagnostic. « Ceci et cela » dit-il encore ; et c'est sa prescription. Le prêtre Künzle laisse au patient – à son instinct, à sa chance, à son inspiration – une marge de jeu. Il ne va pas chercher non plus la maladie dans les obscures profondeurs du corps pour la ramener à la lumière blessante de la science clinique : maladie du sang, douleurs cardiaques, affection des yeux ou tumeur – et on en reste là. Si un médicament ne produit pas d'effet par la suite, demeure toujours l'espoir mis dans le deuxième ou le troisième. Mais le prêtre aux herbes, qui connaît dix moyens, en sait plus et s'expose moins que le médecin qui en a prescrit un seul. Il apparaît plus expert et plus libéral à la fois.

Plus on s'occupe longuement de ce mince petit volume de quatre grandes feuilles, plus produit un effet étonnant *le tact social*, la vigueur du sentiment de classe (ne parlons pas de conscience de classe) qui à chaque pas règle la parole et le comportement de l'homme, lequel va botanisant par monts et par vaux à la belle étoile, apparemment, car le livre débute comme si une simple mentalité patriarcale devait encore particulièrement se faire jour, non point avec les maladies, mais sur un mode descriptif : avec les plantes médicinales.

Avant de suivre son but officiel, il vient puiser son souffle en quelque sorte dans la sphère des sciences descriptives de la nature. Au demeurant, rien ne serait plus désespéré que de vouloir « construire » ce petit chef-d'œuvre. Il est aussi peu constructible qu'un mets, et à la fin ce ne sont pas les substances de base, mais les ajouts qui lui donnent à lui aussi son piquant. Dieu sait qu'ils sont dépensés sans compter ! Ce serait par exemple une grossière erreur de croire que la fierté paysanne, l'hostilité à la médecine d'école poussent notre homme à se détourner de la science. Au contraire. Aussi farouche que soit son attitude à l'égard de celle-ci – ses nouveautés à elle sont justement assez bonnes à ses yeux pour son public. Pourquoi aussi faudrait-il cacher au pâtre ou à la servante que l'herbe de Saint-Benoît ou le bec de cigogne doivent leur vertu à la radioactivité ? En vérité, il n'en va pas de ces informations sans une attaque contre « la science touche-à-tout du XVIIIe siècle, qui rejetait tout ce qu'elle ne comprenait pas » et voulait évincer la sagesse populaire de ses droits. En tout cas, le prêtre Künzle admet bien volontiers la théologie du dix-huitième siècle, qui est peut-être encore beaucoup plus touche-à-tout : « Avec quelle bonté la Providence divine n'a-t-elle pas songé aux hommes en créant les plantes. » Et elle a répandu partout les plantes médicinales « sur le chemin de l'homme, afin que bon gré mal gré il les ait toujours à portée de main ».

Une dose de déisme, une dose de théorie des ions – cet écrit est dans son entier un vrai et beau *pêle-mêle* de ce genre, herbes et raves constituant ses petits chapitres. Mais qu'on se rappelle les calendriers de paysans, les almanachs et autres semblables imprimés, alors on devra bien s'arranger de ce que le peuple aime ce genre de désordre dans ses livres. Pourquoi ? C'est un fait établi : le désordre habituel évoque le foyer ; le désordre inhabituel produit un effet glacial. Quiconque à l'occasion chargea un domestique de chercher un numéro de téléphone n'ignore pas que ceux qui ont appris à lire ne savent pas tous, loin s'en faut, consulter l'annuaire. Y pourvoit ici pour ceux qui s'y entendent une liste alphabétique des maladies, mais en dehors de cela, toute cette dispersion n'est que l'envers du caractère encyclopédique du livre, répondant parfaitement à ce type d'écrits. Que de choses n'apparaissent-elles pas ici, et sur combien de sujets que l'on chercherait là le moins ne peut-on se faire ses propres idées en lisant ? Ainsi tombe-t-on sur Babylone et New York, sur les Cosaques et les Bulgares, les demoiselles à voilettes et les messieurs qui se mouchent du nez, le droit de vote des femmes et le crime de lèse-majesté, les braconniers et les juifs déguisés, les commissions sanitaires et les anges gardiens, pour ne rien dire des nombreux amis, les Toni, Alfred, Jakob, Seppl, les Liseli, Babeli, etc. Considérons seulement une fois le cortège en tête duquel marchent ici les professeurs d'université, et on ne saura point si l'on a à faire aux illustrations de Doré pour le Rabelais, ou à un prospectus ayant trait au carnaval rhénan. « Thé des professeurs », est-il écrit en grosses lettres : « C'est ainsi que je dénomme le thé principalement destiné à des gens qui sont obligés de parler beaucoup et fort, tels les professeurs, les commandants, les capitaines, les prédicateurs, les catéchètes, les maîtres d'école, les garçons de portières dans les gares, les crieurs, etc. » Gens peu fixes sont ici les professeurs, qui ne peuvent rivaliser dans ce monde avec les paysans stables.

Une autre fois, ils apparaissent en compagnie des employés de chemin de fer ; non à cause de la nécessité de parler fort (bien que les trains soient souvent annoncés au départ bruyamment), mais en raison du travail de nuit. Aux uns comme aux autres sont prescrites des cures en stations climatiques, « où il n'y a ni beaucoup d'étrangers ni beaucoup de pianos et de chiens, mais quantité de sapins et de ruisseaux bruissants en compensation ». Sapins et ruisseaux bruissants : mais sur ce fond, l'image sublimée de la paysannerie helvétique dont toutes les plantes médicinales ne forment que la couronne. « Ô bienheureuse paysannerie, ton dépôt de fumier le plus gros n'empeste pas autant, loin s'en faut, que la morgue des lettrés. Ce n'est pas un hasard si le Seigneur Dieu a voulu venir au monde dans une étable. »

De pareils livres ne sont pas dissociables du succès qu'ils remportent. Ils sont destinés, avec leurs pages déchiquetées, leurs cornes, leurs soulignements, leurs taches d'encre, à partager l'itinéraire de vie de leurs propriétaires fortement malmenés, et à faire tantôt le médecin, tantôt le maître d'école, tantôt le poète et tantôt l'humoriste, tantôt le pasteur et tantôt l'apothicaire. Ils peuvent montrer au critique dont les dents se sont délitées à manger toute cette bouillie de romans, ce qui a sa place dans leurs rangs, car la maniabilité, l'utilité pratique que l'on peut toucher de la main dans ce trésor domestique bien terre-à-terre, sont au fondement de la grande poésie, cachés en profondeur. Elle repose ici sur la doctrine ancestrale des deux puissances universelles : *la lumière et l'obscurité, Ormuzd et Ariman, herbes bonnes et mauvaises*. Toutes débouchent sur l'opposition : paysan-citadin. Telle est la connaissance des humains chez le prêtre Künzle, en comparaison de laquelle sa connaissance des plantes est bonne pour les chiens.

Crise et Critique[4]

La revue de ce nom[5] doit paraître chaque mois, sans se lier à des dates fixes. Par là doit d'une part être évité un travail superficiel et précipité, tandis que d'autre part sera laissée ouverte la possibilité de sortir à la rigueur immédiatement à l'occasion d'actualités, indépendamment de la date mensuelle.

La revue joindra trois ou quatre fois par an un supplément à son édition courante. Ces suppléments sont destinés à résumer les fondements critiques et théoriques du travail collectif, qui naturellement ne peuvent être développés que progressivement et à tâtons dans les numéros courants.

Ici s'ensuivent quelques indications programmatiques sur la revue courante :

Elle a un caractère politique. Cela veut dire que son activité critique est ancrée dans une conscience claire de la situation critique de fond de la société d'aujourd'hui. Elle se tient sur le terrain de la lutte de classe. Cela étant, la revue n'a toutefois pas un caractère relevant de la politique partisane.

■ 4. W. Benjamin, *Crise et Critique*, dans Erdmut Wizisla, *Walter Benjamin et Bertolt Brecht. Histoire d'une amitié*, Paris, Klincksieck, 2015, p. 333-335 ; W. Benjamin, *Gesammelte Schriften*, avec le concours de T. W. Adorno et G. Scholem, R. Tiedemann et H. Schweppenhäuser (éd.), Frankfurt am Main, Suhrkamp, 1972-1989, t. VI, p. 619-621 ; original : cote WBA 1136/1-3 (Ts 2462-2464), Akademie der Künste, Berlin (Walter Benjamin Archiv). Datation : octobre-novembre 1930.
■ 5. La revue doit s'intituler *Krisis und Kritik*.

En particulier, elle ne représente pas une feuille prolétarienne, un organe du prolétariat. Elle prendra plutôt la place jusqu'alors vide d'un organe où l'intelligentsia bourgeoise rendra compte à elle-même des exigences et des aperçus qui seuls lui permettent dans les circonstances présentes une production intervenante, assortie de conséquences, par opposition à la production usuelle, arbitraire et sans suites.

Comme la revue doit commencer par élaborer ses fondements, elle ne peut dans l'ensemble s'appuyer sur des autorités. Elle doit plutôt chercher ses collaborateurs parmi l'intelligentsia bourgeoise au sens le plus large, dans la mesure où en effet il s'agira de spécialistes dans un quelconque domaine, et où ils se seront révélés incorruptibles par leur attitude. Que soient nommés en ce sens provisoirement quelques-uns de ces collaborateurs :

Benjamin[6]

Hans Borchardt

Behne

Brentano

Brecht

Döblin

Dudow

Eisler

Franzen

Giedion

Gross

Hindemith

Ihering

Kracauer

Korsch

Kurella

Herman Kantorowicz

Lukács

Hannes Meyer

Marcuse Musil

Piscator

Reger

Reich

Sternberg

Weill

Wiesengrund

6. Benjamin a considérablement modifié la liste ci-après du tapuscrit : il a biffé au crayon plusieurs noms (Behne, Döblin, Dudow, Hindemith, Hermann Kantorowicz, Musil), en a assorti d'autres d'un point d'interrogation (Eisler, Kracauer, Hannes Meyer, Marcuse, Reger) et, dans l'espace laissé libre à gauche et à droite de la liste, en a ajouté à la main de nouveaux (Arthur Rosenberg, Reichenbach, Sahl [?], Armin Kesser, Gottfried Benn, Wittfogel, Suhrkamp, Wilhelm Reich, Strobel, Haas, Mehring) mêlés à des indications succinctes sur ce que pourraient être quelques champs d'étude de la revue (« Gundolf, Musil und Nadler, Gesellschaft-Tageblatt »).

À certains des nommés, on fera appel au cas par cas en tant que rapporteurs de la rédaction pour la critique de la littérature, de la philosophie, de la sociologie, de l'architecture, de la musique, etc. Voilà pour la revue programmatique. La tâche des suppléments est la suivante :

Ils doivent, indépendamment des actualités, mais en se rattachant très étroitement aux contributions existantes de la revue courante, parvenir à réunir un ensemble de thèses qui engageront les collaborateurs des numéros suivants de la revue courante. Ce qui veut dire : il est sans doute permis aux collaborateurs de la revue courante d'exercer une critique fondée de certains de ces principes qu'ils croient devoir refuser, mais non d'ignorer ces mêmes principes dans leurs propres travaux. Le comité de rédaction des suppléments n'a pas besoin d'être à l'unisson en toutes circonstances derrière les principes enseignés ou les articles qu'il donne lui-même à la revue ou admet en elle pour publication ; c'est pourquoi il est exigible que toutes les thèses ou tous les développements des suppléments soient signés par le membre ou les membres du comité de rédaction supérieur qui les ont rédigés ou qui se sont déclarés en accord avec eux. Ce devrait être l'ambition de tous ceux écrivant là que de voir prise dans les suppléments au moins une phrase de chacune de leurs contributions dans la revue courante.

Le travail sur la revue devrait commencer par l'envoi aux collaborateurs envisagés d'un questionnaire dont le projet demeure réservé, les réponses à celui-ci, dans la mesure où elles présentent de l'intérêt, étant alors reproduites dans la revue courante, et en partie aussi examinées dans le premier supplément à joindre au premier numéro. Ce questionnaire aurait le caractère d'une interview, se rapportant à l'attitude théorique des collaborateurs dans les questions de leur spécialité.

Quelqu'un opine.
Sur Emanuel Bin Gorion
Ceterum Recenseo attaques et apologies*)[7].
Par Walter Benjamin.

> *« Chacun peut avoir son opinion personnelle, mais plus d'une mérite le bâton. »*
>
> Proverbe chinois

Quand Caton l'Ancien au Sénat faisait suivre son discours de ces mots : « *Ceterum censeo Carthaginem esse delendam* », ce n'était qu'une opinion la première fois. La quatrième ou la cinquième fois c'était devenu un tic, la dixième un mot d'ordre et au bout de quelques années le commencement de la destruction de Carthage. L'auteur d'un volume de critiques fait allusion

*) Morgenland-Verlag, Berlin 1932.

■ 7. W. Benjamin, « Quelqu'un opine. Sur Emanuel Bin Gorion », *Œuvres et Inédits, op. cit.*, t. 13-1, p. 398-401 ; W. Benjamin, *Werke und Nachlaß, op. cit.*, t. 13-1, p. 391-394 ; première publication : *Frankfurter Zeitung*, 77e année, n° 869, 20 novembre 1932, 2e édition du matin, p. 7 ; n° 867-869, 20 novembre 1932, Reichsausgabe (édition du Reich), p. 17 (cahier littéraire du *Frankfurter Zeitung*, 65e année, n° 47).

à la formule de Caton en usant d'une tournure qui serait pardonnable dans la bouche d'un lycéen de Prague. Un polémiste – comme Bin Gorion estime en être un – aurait pu mieux exploiter cette sentence. Il y a beaucoup à en apprendre. Tout polémiste a son Carthage, et rien d'autre dans les mains au début que son opinion. Mais comment la forge-t-il pour en faire une arme ? L'instrument de la destruction qu'il projette ? Il lui prête sa voix, sa présence ; il la dote de tout l'incommensurable, de tout le hasard de son existence privée. Pour lui, le vrai polémiste, il n'y a pas de frontière entre la personne et la chose. Non seulement en ce qui concerne la posture de son adversaire, mais surtout et encore plus la sienne propre. Oui, on le reconnaît à ce qu'il éclaire pour l'opinion publique sa vie morale et intellectuelle, privée et journalistique, aussi distinctement qu'un acteur son existence sur la scène. Familier lui est l'art de suivre sa propre opinion avec tant de virtuosité et jusqu'à ses ultimes conséquences à telle enseigne que tout le processus se renverse et que l'accentuation presque idiosyncrasique des points de vue, préjugés et intérêts se mue en une imprécation sans ménagement contre la société dominante.

La critique de cette attitude tend depuis toujours – sa ligne allant de Swift à Karl Kraus le prouve de manière frappante – vers le pamphlet politique. Pour continuer cette grande tradition, l'auteur manque de toute compétence. Il n'y a point à parler ici d'une ignorance à l'égard de toutes les choses publiques, que l'on ressent forcément toujours gênante chez un publiciste, et tout à fait insupportable chez un critique des *Mémoires* de Trotski. Bin Gorion appelle le stratège de la guerre civile en Russie un « mannequin en habits rouges », dépourvu de caractère. Aussi impudent que cela soit, on pourra néanmoins porter au crédit de l'auteur qu'il n'est pas animé par l'aveuglement politique. Difficile en effet de se montrer plus inconscient que ne le fait Bin Gorion en opinant que « le communisme n'est pas une invention des temps modernes, mais fut depuis toujours enseigné et pratiqué par les nobles esprits de tous les temps ». Or ce ton provoquant n'est pas seulement celui qui domine dans les considérations politiques. Il fait partie du Reich des « pseudo-poètes », « par exemple George et Rilke, également Hofmannsthal ou Hesse ». On l'interrogera vainement sur ce qui le fonde.

Certes sera-t-on parfois aussi « de son opinion ». « Le philistin », dit Hebbel, « a souvent raison pour ce qui est de la chose, mais jamais quant aux motifs de son traitement ». Et aussi nobles que puissent encore être les ambitions de qui écrit, la portion de philistin logé en lui perce toujours à l'extérieur. Avec beaucoup de robustesse parfois. Ainsi est-il écrit ici : « L'art authentique élève et anoblit ; le pseudo-art, lui, favorise encore la croyance en la matière. » Ou : « L'art est nature et se forme sans avoir été demandé ni appelé : la camelote est confectionnée sur commande. » Ce critère irréfléchi ne lui suffisant pas – Hebbel n'a-t-il point écrit sur commande beaucoup de ses plus beaux récits, et la poésie lyrique dorée sur tranche est-elle meilleure de ne pas trouver d'éditeur ? –, notre auteur poursuit : « telle chose relève d'une croissance, telle autre est fabriquée : l'une est le beurre dont l'origine se trouve dans la nature, l'autre la margarine que l'on produit artificiellement. » Si l'expression est ici balourde et affectée, le lieu commun qu'elle recouvre n'en est que plus vaste : l'opposition butée entre écrire et poétiser, co-responsable du bas niveau de la critique aujourd'hui. Bref, une dépréciation de l'élément « littéraire », tout à fait dans le sens de la réaction avec laquelle l'auteur coquette à la manière qui est la sienne. Son image du « poète authentique », exactement conforme à l'horizon des petits cercles de lecture, le prouve bien. Si pour celui-ci en effet « tout poème qu'il met en forme… est l'expression d'un vécu intérieur, d'une émotion, d'un étonnement ou d'une connaissance », « le pseudo-poète… » ne part « pas de la vie ni non plus de la musique latente au cœur de la nature, mais il puise dans la littérature déjà existante et ne se meut que dans la sphère des représentations, des idées et des formules qui ont déjà reçu avant lui leur empreinte définitive. » Au cas où un sens quelconque serait attribué à ces définitions parfaitement oiseuses, c'est celui aboutissant à dissocier l'écriture et la poésie : à confronter avec la première, canton sans importance des écrivains profanes, un bosquet sacré, temple où le « poète authentique » remplit son office. En vérité, aucune grande poésie ne se fait comprendre – dans sa grandeur ! – sans le facteur de la technicité. Or celle-ci relève de l'écriture. Voilà pour les « *attaques* ».

Les « *apologies* » sont négligeables. Si elles ne l'étaient de par leur attitude, alors de par les objets abordés. L'auteur n'a ni l'autorité que demande la polémique, ni cette tradition et formation que réclame la critique fondatrice. La haute école de cette dernière se rencontre dans les écrits des romantiques. La critique apparaît en eux comme le déploiement de la vérité qui sommeille dans les œuvres. Le romantique lui conférera sa figure imaginale en faisant que celle-ci s'unisse intimement avec la description, à telle enseigne que dans les célèbres modèles de ce genre, chaque opinion du recenseur semble aussi anéantie que le matériau dans l'œuvre d'art selon l'esthétique classique. Et ce n'est pas pour rien que cette floraison de la critique autour de 1800 s'épanouit au contact des œuvres magistrales de Shakespeare, de Calderon, de Cervantès. Non comme la rose grimpante s'élève le long du tronc, mais comme une de ces fleurs rares qui percent çà et là d'un cactus épineux toujours vert, et cuirassé en quelque sorte pour l'immortalité. C'est dans le commentaire que cette démarche critique trouve sa forme-limite. Les brefs petits morceaux ici classés sous le titre d'*Apologies* sont de peu d'importance, qu'ils s'appliquent à Josef Wittig ou à Emil Straus, à Oskar Loerke ou à Hans Voss. Ils sont d'une opinion bienveillante. Mais cette opinion représente la matière première du critique. On n'aime pas la voir quand il en fait étalage. Mais encore moins quand il présente à une époque qui ne se laisse pas tellement effaroucher, la perspective du déclin à brève échéance.

Science rigoureuse de l'art.
Sur le premier volume des Recherches en science de l'art.
Par **Detlef Holz**[8].

Lorsque Wölfflin écrivit en 1898 sa préface à *L'Art classique*, il déclara, d'un geste qui reléguait de côté l'histoire de l'art telle que la représentait alors Richard Muther : « L'intérêt du public moderne… semble aujourd'hui vouloir se tourner à nouveau davantage vers les questions proprement artistiques. On ne demande pas, d'un livre d'histoire de l'art, qu'il fournisse l'anecdote biographique ou la description des circonstances de l'époque, mais on aimerait apprendre quelque chose de ce qui fait la valeur et l'essence de l'œuvre d'art… Il serait naturel que toute monographie en histoire de l'art contienne en même temps un morceau d'esthétique. » « Pour atteindre plus sûrement ce but », poursuit alors l'auteur, « est adjointe à la première partie, historique, une seconde partie systématique en guise de contre-épreuve. » Cette disposition est d'autant plus caractéristique qu'elle permet de reconnaître non seulement les intentions, mais aussi les limites de la tentative faisant alors époque. Et en effet, l'entreprise de Wölfflin, s'attachant à porter remède, par l'analyse formelle, à l'état affligeant dans lequel se trouvait sa discipline à la fin du dix-neuvième siècle, et que par la suite Dvořák devait si précisément définir dans son éloge funèbre de Riegl – cette entreprise, donc, n'a pas pleinement percé. Wölfflin a certes mis en évidence le dualisme entre une plate *Histoire de l'art de tous les peuples et de tous les temps*, relevant de l'histoire universelle, et une esthétique académique, mais il ne l'a pas entièrement surmonté.

À quel point la conception universaliste de l'histoire de l'art, au temps de laquelle l'éclectisme avait libre jeu, a ligoté l'authentique recherche, c'est ce que l'état actuel des choses, pour la première fois, donne à connaître. Et ce, pas seulement certes en science de l'art. « Pour le présent », est-il dit dans une déclaration programmatique de l'historien de la littérature Walter Muschg, « il est permis de dire que dans ses travaux essentiels il s'oriente quasi exclusivement vers la monographie. La foi dans le sens d'une présentation globale s'est grandement perdue dans la génération actuelle. Au lieu de cela elle se bat avec des figures et des problèmes qu'elle voit caractérisés essentiellement par des lacunes à l'époque où régnait l'histoire universelle. » « Le rejet du réalisme non critique dont fait preuve la considération de l'histoire, le dépérissement des constructions macroscopiques » sont en effet les marques les plus importantes de la nouvelle recherche. À quoi correspond tout à fait l'article programmatique de Sedlmayr, qui ouvre les présentes annales (Frankfurter Verlagsanstalt AG, 246 pages. Relié. 25 reichsmarks) : « La phase en devenir de la science de l'art devra mettre au premier plan, d'une façon jusqu'alors inconnue, l'étude des créations isolées… Dès que l'œuvre d'art isolée est appréhendée comme une tâche propre, encore immaîtrisée, de la science de l'art, elle se dresse devant nous avec une puissante nouveauté,

■ 8. W. Benjamin, « Science rigoureuse de l'art », *Œuvres et Inédits, op. cit.*, t. 13-1, p. 431-437 ; W. Benjamin, *Werke und Nachlaß, op. cit.*, t. 13-1, p. 423-428 ; première publication : *Frankfurter Zeitung*, 78e année, n° 561, 30 juillet 1933, 2e édition du matin, p. 5 ; n° 559-561, 30 septembre 1933, Reichsausgabe (édition du Reich), p. 11 (cahier littéraire du *Frankfurter Zeitung*, 66e année, n° 31).

une puissante proximité. Antérieurement simple médium de la connaissance, trace d'une altérité qu'il fallait à partir d'elle investiguer, voilà qu'elle apparaît maintenant comme un petit monde *sui generis*, reposant en lui-même, au caractère propre et singulier. »

Conformément à cette annonce, trois travaux strictement monographiques constituent le fond essentiel des nouvelles annales. *Andreades* présente la Hagia Sophia comme une synthèse entre l'Orient et l'Occident ; Otto *Pächt* développe la tâche historique de Michael Pacher, et Carl *Linfert* traite des bases du dessin d'architecture. Ces travaux ont en commun l'amour convaincant de la chose et un savoir d'expert non moins convaincant. Leurs auteurs n'ont rien à voir avec le type de l'historien d'art, qui était véritablement pénétré de l'idée « qu'on ne devait pas étudier les œuvres d'art (mais uniquement les "vivre" [*erleben*]), que toutefois on le faisait – seulement, mal ». Ils savent en outre qu'on ne peut aller de l'avant que si l'on attend d'une réflexion sur son propre faire – d'une nouvelle lucidité – non pas un freinage mais une promotion du travail scientifique. Car ce travail n'a précisément pas à faire avec les objets de jouissance, les problèmes de forme, le façonnement des expériences vécues, et comme peuvent s'appeler les autres concepts hérités d'une vision dépassée de l'art ; avec lui, la réception formelle, pour l'artiste, du monde donné est « non pas une sélection, mais à chaque fois une percée dans un champ de la connaissance qui "n'était pas là" encore jusqu'au moment de cette maîtrise formelle… Cette conception n'est rendue possible que par un mode de pensée pour lequel l'espace de jeu concret [*Anschauungsspielraum*] est lui-même variable avec le temps et selon les tournants de son pilotage intellectuel – mais pour lequel aussi, toutefois, il n'y a nullement à supposer quelque chose comme l'existence de réalités constamment là invariablement, dont la constitution formelle n'est déterminée que par une "poussée de style" changeante alors que la sphère concrète [*Anschauungsumkreis*] reste la même ». Car « jamais nous n'avons à nous attacher à des "problèmes de forme" pour eux-mêmes, comme si une forme était jamais née telle l'émanation d'un simple problème de forme, ou autrement dit : en raison de l'attrait qui est le sien ».

« La piété pour l'insignifiant », avec laquelle les frères Grimm exprimèrent incomparablement l'esprit de la vraie philologie, est également propre à ce genre de considération de l'art. Or, qu'est-ce qui anime cette piété, sinon la disposition à pousser la recherche jusqu'à ce fond, partant duquel l'« insignifiant » aussi – mieux, précisément lui – voit grandir sa signification. Le fond sur lequel tombe la recherche de ces hommes est celui, concret, du passé historique. Cet « insignifiant » qui les occupe n'est pas la nuance qu'apportent de nouveaux attraits, ni non plus le repère à l'aide duquel on définissait autrefois les formes de colonnes de même que Linné les végétaux, mais l'élément discret qui survit dans les œuvres et fournit le point où perce la teneur pour un authentique chercheur. Et c'est ainsi que, au vu de leur trame historico-philosophique, Wölfflin n'est pas l'ancêtre de ce nouveau type de science de l'art, mais *Riegl*. L'étude de Pächt sur Pacher « représente une nouvelle tentative de ce grand mode d'exposition que Alois Riegl a si magistralement dominée comme un passage de l'objet singulier à sa fonction pour l'esprit ». Riegl, en outre, atteste précisément de façon exemplaire qu'une recherche sobre et en même temps intrépide ne manque jamais les intérêts vivants de son présent. Le lecteur qui aujourd'hui lit son œuvre majeure – *L'Industrie d'art à l'époque romaine tardive* –, presque contemporaine de celle de Wölfflin mentionnée au début, va comprendre rétrospectivement à quel point se meuvent déjà souterrainement les forces qui, une décennie plus tard, viendront au jour avec l'expressionnisme. Ainsi est-on en droit de présumer aussi des études de Pächt et de Linfert que l'actualité les rattrapera tôt ou tard.

Au demeurant, Riegl, dans un bref essai, *Histoire de l'art et Histoire universelle*, paru en 1898, a aussi méthodiquement démarqué, de l'ancien mode de considération en termes d'histoire universelle, une nouvelle science de l'art à laquelle il fraya lui-même la voie. Il s'agit là de cette interprétation détaillée de l'œuvre singulière qui, sans se renier nulle part, rencontre les lois et les problèmes de l'évolution de l'art dans son ensemble. Cette direction de recherche a tout à espérer de savoir que, plus les œuvres sont décisives, plus leur teneur de signification se trouve discrètement et intimement liée à leur teneur factuelle. Elle aurait affaire avec les rapports créant un éclairage mutuel entre d'un côté le processus et le bouleversement historiques, de l'autre, l'aspect contingent, extérieur, voire curieux de l'œuvre d'art. Car si se révèlent les plus signifiantes précisément ces œuvres dont la vie est entrée le plus secrètement dans leurs teneurs factuelles – pensons à l'interprétation par Giehlow de la *Melencolia* de Dürer –, au fil de leur durée dans l'histoire ces réalités factuelles se présentent d'autant plus visibles aux yeux d'un chercheur qu'elles tendent à disparaître du monde.

Ce que cela veut dire se laisse difficilement clarifier davantage qu'il ne ressort du travail de Linfert, clôturant le volume. « Le dessin d'architecture », explique-t-il de son objet, « est un cas limite. » Déjà dans *L'Industrie d'art à l'époque romaine tardive*, le cas limite – car c'en est un que l'orfèvrerie, qui se compte dans l'artisanat d'art – se révélait le point de départ d'un fort significatif dépassement de la conventionnelle histoire universelle avec ses prétendues « apogées » et « périodes de décadence ». Wölfflin a finalement amorcé la même approche, lui aussi, quand le premier il a compris en termes positifs le baroque, où Burckhardt ne voulait encore voir que le témoignage d'un déclin. Et ce n'est pas tout, la recherche de Dvořák sur le maniérisme a bien montré quels éclaircissements historiques peuvent être tirés d'une déformation spiritualiste des schémas du classicisme pur, une fois qu'ils sont devenus vides. L'histoire universelle fixée en périodes est passée à côté de tout cela. Et c'est pourtant le cas limite méprisé d'elle, dans l'étude duquel les teneurs factuelles font valoir le plus résolument leur position clé.

Considérons les planches qui sont adjointes en abondance au travail de Linfert. Les légendes présentent des noms qui sont inconnus du profane, et même du spécialiste en partie. Et maintenant les illustrations proprement dites. On ne peut dire qu'elles *re*donnent des architectures. Elles les *donnent* pour la première fois. Et cela, plus rarement à la réalité du projet qu'au rêve. Ainsi se dressent là les somptueux portails à blason d'un Babel, les féeriques châteaux que Delajoue a fixés dans un coquillage, les architectures bibelots de Meissonnier, le croquis de bibliothèque de Boullée, qui a l'air d'une gare, les perspectives idéales de Juvara, qui ressemblent à des regards jetés dans le dépôt d'un marchand de bâtiments. Un monde tout nouveau d'images intactes, qu'un Baudelaire eût estimé plus haut que toute peinture.

Mais l'analyse de ce monde de formes s'entrecroise chez Linfert très étroitement avec les événements historiques. Son étude traite d'« une période où le dessin d'architecture commençait à perdre son expression de principe bien déterminée ». Mais comme ce « processus de déclin » devient transparent ici ! Combien s'ouvrent les perspectives architectoniques pour accueillir en leur sein allégories, décors de scène, pierres commémoratives ! Et chacune de ces formes présente à son tour des données mal connues, qui devant ce chercheur apparaissent dans toute leur concrétion : la hyéroglyphique de la Renaissance, les imaginations ruiniformes, visionnaires, d'un Piranèse, les temples des Illuminés, tels que nous les connaissons de *La Flûte enchantée*. Se révèle ici que ce n'est pas le regard visant le « grand tout » et les « contextes englobants » – comme le revendiquait autrefois la lourde médiocrité du Temps des fondateurs [*Gründerzeit*] – qui constitue le signe caractéristique du nouvel esprit de recherche. Celui-ci a plutôt pour pierre de touche extrêmement rigoureuse de se sentir chez lui dans les zones frontières. Voilà ce qui assure aux collaborateurs de ces nouvelles annales leur place dans le mouvement qui, des études de Burdach en germanistique jusqu'à celles de la bibliothèque Warburg en histoire des religions, emplit d'une vie fraîche les zones marginales de la science de l'histoire.

Le Sauvetage[9]
par **Walter Benjamin**

Sur le chemin des écrivains essayant de rendre compte de l'existence et des conditions de vie des prolétaires, se sont dressés des préjugés qu'il n'a pas été possible de vaincre en un jour. L'un des plus tenaces voyait dans le prolétaire l'« homme simple du peuple », contrastant avec le membre d'une couche supérieure non pas tant cultivé que différencié. Voir dans l'opprimé un enfant de la nature allait de soi dans le dix-huitième siècle de la bourgeoisie montante. Après la victoire de cette classe, celle-ci opposa à l'opprimé, dont elle-même avait entre-temps cédé la place au prolétariat, non plus la dégénérescence féodale, mais son propre échelonnement, l'individualité bourgeoise avec ses nuances. La forme sous laquelle fut exposée celle-ci allait être le roman bourgeois ; son objet, l'imprévisible « destin » de l'individu, face auquel tout éclaircissement devait s'avérer insuffisant.

Au dernier tournant de siècle, quelques romanciers ont porté atteinte à ce privilège bourgeois. Il est indéniable que Hamsun, entre autres, a évacué l'« homme simple » de ses livres, et que ses succès reposent pour partie sur la nature fort complexe de ses petites gens de la campagne. Par la suite, les événements sociaux ébranlèrent le préjugé en question. La guerre éclata, et dans l'après-guerre la psychiatrie s'adjoignit, avec la névrose des pensions

■ 9. W. Benjamin, « Le Sauvetage », *Œuvres et Inédits, op. cit.*, t. 13-1, p. 503-511 ; W. Benjamin, *Werke und Nachlaß, op. cit.*, t. 13-1, p. 495-503 ; première publication : *Frankfurter Zeitung*, 78e année, n° 316, 24 juin 1934, 2e édition du matin, p. 5 ; n° 315-316, 24 juin 1934, Reichsausgabe (édition du Reich), p. 17 (cahier littéraire du *Frankfurter Zeitung*, 67e année, n° 25).

de retraite, une discipline où l'« homme du peuple », plus qu'il ne pouvait lui être cher, se vit reconnaître son droit. Quelques années passèrent, et le chômage de masse envahit le pays. Avec la nouvelle misère se profilèrent de nouvelles ruptures d'équilibre, de nouvelles représentations fantasmatiques et de nouvelles monstruosités dans le comportement de ceux qu'elle frappait. De sujets de la politique qu'ils étaient, ils devinrent les objets souvent pathologiques des démagogues. Avec le « *Volksgenosse* », l'« homme simple du peuple » connut sa résurrection – pétri dans la substance des névrosés, des sous-alimentés et des perdants.

C'est un fait que le national-socialisme trouva une condition de sa croissance dans l'ébranlement de la conscience de classe auquel fut exposé le prolétariat avec le chômage. Le nouveau roman de Anna Seghers (*Le Sauvetage*, Querido-Verlag) a affaire avec ce phénomène. Il se joue dans un village minier de Haute-Silésie et raconte ce qui se déroule là-bas après la fermeture de sa fosse. Bentsch est le personnage principal du récit. On apprend à le connaître comme un travailleur de la mine d'âge mûr, posé, qui ne tolère pas la moindre récrimination contre son seigneur Dieu ni son pasteur. Spontanément, ce n'est pas une tête politique, et le moins du monde un extrémiste. Il faut le lui accorder : il va seul son chemin. Beaucoup aujourd'hui doivent aller seuls le leur. Des prolétaires également, qui ont tout aussi peu de la subtilité sourde du bourgeois que de la simplicité mensongère du « *Volksgenosse* ». C'est là, au demeurant, un long chemin. Il conduit Bentsch dans le camp des militants de la lutte de classe.

Le livre aborde très précautionneusement la situation politique. Il est comparable à un système de racines. Quand l'auteure le soulève d'une main délicate, l'humus des relations privées adhère à lui – relations de voisinage, érotiques, familiales. Ces prolétaires doivent avec leurs revenus de plus en plus maigres étirer en même temps une vie de plus en plus mince. Ils s'empêtrent dans des habitudes insignifiantes ; ils deviennent pointilleux ; ils tiennent la comptabilité de chaque pfennig de leur économie psychique bien limitée. Après, ils se dédommagent en se livrant à des exaltations pour lesquelles ils trouvent vite à disposition des arguties douteuses ou des plaisirs usés. Ils deviennent instables, versatiles et imprévisibles. Leur tentative de vivre comme d'autres gens ne fait que les éloigner d'eux toujours davantage, et il en va d'eux comme de leur Findlingen, ce village de mineurs où ils sont domiciliés. « Les gens s'étaient mis à retourner la terre à des endroits étranges, pour cultiver quelques haricots ou de la rhubarbe, or c'est justement pourquoi Findlingen ressemblait de moins en moins à un vrai village. »

À toutes les bénédictions du travail s'ajoute qu'il rend d'abord sensible la volupté de ne rien faire. Kant nomme la fatigue du soir libre un plaisir très élevé des sens. L'oisiveté sans travail est un tourment. Il vient en plus de toutes les privations des chômeurs. Eux succombent au cours du temps comme à un démon incube par lequel ils sont engrossés contre leur gré. Ils n'enfantent pas, mais ils ont des envies excentriques telles des femmes enceintes. Chacun d'eux en particulier est plus riche d'enseignement que des enquêtes entières sur les chômeurs. « Quand ses derniers invités avaient disparu, Bentsch éprouvait toujours le désir de courir lui-même dans la rue et de verrouiller sa porte de cuisine non de l'intérieur, mais de l'extérieur. Mais ce désir lui sembla si étrange et absurde à lui aussi, que toujours il bâillait rapidement ou disait : "Bon, enfin" ».

Pendant que la pensée des licenciés sans allocations tourne encore autour de leur puits de mine, sans qu'ils en sachent grand-chose, a débuté un processus déterminant. À l'extérieur, dans le monde, on n'en est plus à une exploitation minière de plus ou de moins. C'est de l'existence du capitalisme même qu'il s'agit. Les économistes commencent à s'occuper de la théorie du chômage structurel. La théorie que les gens de Findlingen ont à s'approprier, dit ce qui suit : pour avoir le droit de redescendre dans la fosse, vous devez conquérir l'État. Cette vérité a d'infinies difficultés à surmonter en chemin pour entrer dans les têtes. Elle a progressé d'abord jusqu'à bien peu d'entre elles. Lorenz la représente, un jeune chômeur qui, avant de se faire assassiner, laisse dans le village gris la trace lumineuse que Bentsch n'oubliera jamais.

Ce petit nombre représente l'espoir du peuple. C'est de ce peuple que rend compte Anna Seghers. Mais il ne constitue pas son public de lecteurs. Il peut encore moins lui parler aujourd'hui. Seul son chuchotement peut pénétrer jusqu'à elle. La narratrice n'en perd pas conscience un instant. Elle raconte en faisant des pauses, comme quelqu'un qui sans mot dire attend les auditeurs tout désignés et qui, pour gagner du temps, s'arrête maintes fois. « Plus les invités arrivent tard le soir, plus beaux ils sont. » Cette tension traverse le livre. Il est fort éloigné du prompt reportage qui ne demande pas beaucoup à qui vraiment il s'adresse. Il est tout aussi éloigné du roman qui au fond ne pense qu'au lecteur. La voix de la narratrice n'a pas démissionné. Beaucoup d'histoires sont dispersées dans le livre, où elles attendent l'*auditeur*.

La loi du roman, où les personnages épisodiques apparaissent dans le médium d'un personnage principal, n'est pas ce qui se répercute dans l'abondance de figures présentes au sein du livre. Ce médium – le « destin » – fait défaut. Bentsch n'a pas de destin ; s'il en avait un, il serait aboli au moment où, à la fin de l'histoire, il a disparu, anonyme, parmi les futurs clandestins. Des connaissances que fait le lecteur, il se souviendra comme de témoins, en premier lieu. Ce sont des martyrs au sens précis du terme (martyr, en grec : le témoin). Le rapport les concernant est une chronique. Anna Seghers est la chroniqueuse des chômeurs allemands. La base de sa chronique est une fable, si l'on veut, qui constitue la trame romanesque du livre. Le dix-neuf novembre 1929, parmi cinquante-trois mineurs enfouis, sept qui sont encore en vie sont dégagés d'une galerie. C'est « le sauvetage ». Il fonde l'association que forment ces sept-là. La narratrice les suit avec une question muette : quelle expérience résistera à côté de celle qu'ont faite dans le puits de mine les hommes perdus, lorsqu'ils partagèrent tout en bas la dernière eau et le dernier pain les uns avec les autres ? La solidarité qu'ils ont prouvée dans la catastrophe naturelle, pourront-ils la prouver dans la catastrophe de la société ? — Ils ne sont pas encore sortis de l'hôpital, lorsque les vagues signes de cette catastrophe parviennent jusqu'à eux. « Ils vont peut-être faire comme là-bas à L. Ça ne vaut plus la peine. Demande de cessation d'activité ».

La demande est déposée, et on procède d'après elle. « Pendant vingt-six semaines, on touche onze marks trente-cinq d'allocations chômage, puis on touche huit marks quatre-vingt. Vingt-six semaines au minimum, ça dépend de la ville, c'était la crise, puis vient l'assistance publique. Ça fait six marks cinquante, deux marks de supplément par enfant chaque mois. Après, plus rien d'autre ne vient. » C'est ce qu'apprennent les lecteurs dans le livre, et les intéressés eux-mêmes par la bouche d'une certaine Katharina, qui traverse le récit comme la jeune fille de l'étranger. Elle est de l'extérieur en plus d'un sens. Et ainsi, cette information portée par le « son inhabituel » d'une voix calme ressemble à un jugement qui est prononcé de très loin sur les chômeurs. Il détermine à présent la vie qu'ils ont sauvée de la fosse.

Dans le morne cours de cette vie tombe le premier anniversaire de l'événement baptisé « le sauvetage », qui entraîne avec lui, précisément, la perte des sauvés. « Si tu avais su comment les choses tournent ici dehors, comment elles sont précisément, te serais-tu donné autant de mal également ? … Bien sûr qu'on veut toujours ressortir. Se retrouver ensemble avec tous les autres. — Bentsch décrivit un mouvement du bras au-dessus de ceux assis alentour. » À peine moins muets que la question muette dont il s'agissait se trouve être la réponse qui lui est impartie.

La chronique se différencie de la présentation historique au sens le plus récent du fait qu'elle manque de perspective temporelle. Ses descriptions la mettent à proximité immédiate de ces formes de peinture antérieures à la découverte de la perspective. Si les figures des miniatures ou des premiers tableaux peints viennent sur fond d'or à la rencontre du contemplateur, leurs traits ne s'impriment pas moins chez lui que si le peintre les avait placées dans la nature ou dans un réceptacle. Ces figures confinent à un espace transfiguré, sans rien perdre de leur exactitude. Ainsi les caractères du chroniqueur médiéval confinent-ils à un temps transfiguré qui peut interrompre brusquement leur action. Le Royaume de Dieu les atteint sous forme de catastrophe. Ce n'est certainement pas cette catastrophe-là qui attend les chômeurs, dont *Le Sauvetage* tient la chronique. Mais elle est quelque chose comme l'image inverse de la première, la montée de l'Antéchrist. Celui-ci singe notoirement la bénédiction qui fut promise au titre du messianisme. Ainsi le Troisième Reich singe-t-il le socialisme. Le chômage a une fin parce que le travail forcé est devenu de droit.

La narratrice a osé regarder dans les yeux la défaite que la révolution a subie en Allemagne – une faculté virile, plus nécessaire qu'elle n'est répandue. Cette attitude caractérise aussi son œuvre, par ailleurs. Elle est très éloignée de toute intention de se mettre en avant avec des descriptions de la misère. Le respect du lecteur, qui lui interdit l'appel bon marché à la compassion de celui-ci, s'unit au respect des humiliés qui étaient son modèle. Elle doit à cette réserve que vienne à son côté, là où elle appelle les choses par leur nom, l'esprit de la langue du peuple lui-même. Et quand un chômeur de l'extérieur, échoué au bureau de pointage de Findlingen, se repère en constatant : « Ici, ça puait exactement comme à Kalingen », elle met d'une seule prise la société de classe en état d'arrestation. Elle possède avant tout les moyens d'économiser le langage d'une manière qui n'a rien de commun avec la simplicité mensongère, en usage dans l'art régional moderne. La façon qu'elle a de libérer dans la quotidienneté, à l'aide de déplacements minimes de la réalité courante, des petites cellules retirées, rappelle plutôt l'art populaire authentique, dont s'est réclamé autrefois le *Cavalier bleu*. Lorsque la police perquisitionne la salle commune chez Bentsch, sa femme échange un regard avec lui. « Il sourit légèrement. On aurait dit qu'ils avaient été ensemble toutes ces années à seule fin de s'exercer quelque peu pour cet instant-là. » Ou « Katharina ne compte pas trois pour deux, aussi peu que le chat ».

Il s'agit là de l'étrange créature, fille infortunée de Bentsch, hébergée dans la famille de celui-ci. Mais pas plus à demeure que Mélusine quand elle loge un moment chez un homme. Elle a la nostalgie du palais qui est édifié au fond de la source. Ainsi Katharina a-t-elle la nostalgie de la maison. Mais la pauvre enfant n'a encore pas de chez soi. Elle est là debout, elle nettoie les fenêtres : « Où étaient donc les vitres que l'on ne pouvait faire briller assez pour qu'une lumière claire, mais non crue, luise dans tous les coins de la pièce commune, où la table était mise, le lit préparé, non hâtivement et comme un expédient, mais depuis toujours et à jamais – enfin Katharina ! »

Il faut que je trouve quelque chose, pense Katharina en train d'écouter justement un renseignement avisé fourni par Bentsch, pour laquelle je pourrais lui demander conseil. « Elle réfléchit. Mais rien ne lui vint à l'esprit. Elle n'avait pas d'espoir menaçant d'avorter. Il ne lui manquait rien et elle n'avait rien. Elle ne projetait pas la moindre chose qui eût nécessité un conseil. Elle était totalement désemparée. » Ces mots dégagent la vue sur la forme épique du livre. Le désemparement est le sceau de la personnalité incommensurable, en laquelle le roman bourgeois possède son héros. Ce qui lui importe, on l'a dit, c'est l'individu dans sa solitude, qui n'est plus en état de s'exprimer de façon exemplaire sur ses intérêts majeurs, se voit lui-même privé de conseil et n'en peut donner aucun à autrui. Si le livre frôle, serait-ce inconsciemment, le mystère que voici, il révèle, comme presque toutes les œuvres romanesques significatives de ces dernières années, que la forme roman elle-même se trouve en voie de transformation.

La structure de l'œuvre le donne à connaître de multiples façons. Il lui manque l'articulation en épisodes et action principale. Elle pousse à des formes épiques plus anciennes, à la chronique, au livre de lecture. De brèves histoires s'y trouvent en abondance, forment souvent son point culminant. Ainsi celle du dix-neuf novembre 1932, où revient l'anniversaire du sauvetage pour la dernière fois au cours du récit. Personne ne le célèbre plus : cela fait sentir ce qu'il avait signifié. Pour ces chômeurs, il représente tout ce qui avait jamais apporté de la lumière dans leur vie. Ils pourraient dire à ce jour-là qu'il est leur Pâques, leur Pentecôte et leur Noël. Maintenant, il est tombé dans l'oubli, et l'enténèbrement a fait complètement irruption. « Depuis longtemps était dépassée l'heure que l'on respectait d'habitude pour célébrer le jour. Vraiment, on m'a oublié, pensait Zabusch. Ou ils veulent rester entre eux. Il n'y a pas à faire d'épate avec moi. "Allume la lumière", dit sa femme. "Allume toi-même", dit Zabusch. Ainsi resta-t-on sans lumière. Finalement, il n'y tient plus dans l'obscurité. Il descend la rue de Findlingen, ouvre la porte de l'auberge d'une secousse. "Une blonde, une brune ?" Zabusch ne répondit pas à l'aubergiste, il inspecta autour de lui d'un air hagard. Il crut d'abord avoir attrapé une mauvaise porte. Toutefois, dans la rue de Findlingen, il y avait seulement Aldinger. Et c'était bien Aldinger en personne, il le reconnaissait. Seule avait changé sa salle d'auberge, pas de visage connu. On se mettait maintenant à rire… "Avance donc. Il y a encore de la place. Assieds-toi, camarade." Tous ces gars, des nazis remplissaient les chaises et les bancs – il n'y avait pas ce banc de coin l'année précédente – de leurs larges genoux et leurs larges coudes de natifs. » Cette chute qui, à l'homme dont personne n'a besoin, dont le calendrier lui-même renonce à compter les jours, à l'abandonné qui se tient dans l'abîme, ouvre un abîme encore plus profond : l'enfer nazi rayonnant, où le délaissement se donne lui-même une fête – cette chute concentre les années que raconte le livre dans l'épouvante d'un unique instant.

De quel côté doit venir la délivrance, l'auteure l'a indiqué là où dans son récit elle tombe sur les enfants. Aucun lecteur n'oubliera de sitôt les enfants de prolétaires dont elle parle. « À l'époque, il y avait souvent là-bas des enfants tels que Franz. Quelqu'un amenait son propre enfant, ou ils venaient spontanément du voisinage, ou aussi tout à fait d'ailleurs, ils dépassaient un peu le bord de la table où l'on pliait les tracts, vous passaient entre les jambes alentour ou couraient et haletaient pour aller porter une lettre ou une pile de journaux, ou aller chercher quelqu'un dont on avait précisément besoin. Traînés là par un père ou poussés par la curiosité, ou aussi attirés par ce qui attire les gens, et peut-être déjà liés jusqu'à la mort. » C'est sur ces enfants que Anna Seghers a bâti. Peut-être le souvenir des chômeurs dont ils descendent inclura-t-il un jour celui de leur chroniqueuse.

SITUATIONS

ACTUALITÉ CRITIQUE DE BENJAMIN
par Philippe Ivernel[1]

« Du *Concept de critique d'art dans le romantisme allemand* aux travaux sur Baudelaire, inscrits à l'origine dans *Paris capitale du xixᵉ siècle*, les études menées par Walter Benjamin dans une période cruciale qui n'a pas fini de délivrer ses essais proposent et dessinent plusieurs modèles de critiques, variant en fonction des objets dont elles se saisissent, c'est ce que suggère la "méthode dialectique" revendiquée par Walter Benjamin, s'exerçant sur les œuvres à travers leur conditionnement et leur destination. Ce à partir d'une actualité qui les rend dignes d'intérêt. Actualité qui constitue le présent de Benjamin, et la présence de ce dernier dans la nôtre ». Ainsi Philippe Ivernel avait annoncé son intervention lors d'un colloque sur Critique et Création en décembre 2015.

Philippe Ivernel : En négociant rapidement avec l'organisateur de ces journées, je suis tombé sur un retour à Walter Benjamin, dont je ne sors guère d'ailleurs parce que son œuvre théorique est particulièrement nourrissante, me semble-t-il. Et il rentre dans la perspective qui est la nôtre par son activité de critique, on peut dire que du début jusqu'à la fin, c'est celle-là qui guide l'orientation de sa pensée de travail sur les œuvres, qui à son tour fait œuvre au demeurant.

Dans le chapeau introductif que j'avais légué à Emmanuel Wallon, j'écrivais : « […] les études menées par Walter Benjamin dans une période cruciale proposent et dessinent plusieurs modèles de critiques […] ». Je commente rapidement le terme de « période cruciale » parce qu'il introduit aussitôt Benjamin dans un contexte historique particulièrement ébranlé. Sa zone d'activité, si je puis dire, c'est l'entre-deux-guerres, entre la Première et la Seconde Guerre mondiale donc, et d'autre part cette activité théoricienne de critique se trouve en butte à la montée du fascisme, non seulement à l'échelle de l'Allemagne bien entendu, mais de l'Europe tout entière, pour ne pas parler du reste du monde.

Donc c'est à une croisée des chemins, image que Benjamin, disons, utilise très souvent, c'est à une croisée des chemins que se place le critique et le théoricien de

■ 1. Cette conférence a été prononcée dans le cadre du colloque *Critique et Création. Une pensée traversée par les arts*, qui s'est tenu les 10, 11 et 12 décembre 2015 à Paris, à l'initiative de l'équipe de recherche « Histoire des arts et des représentations » (HAR, EA4414) de l'Université Paris-Ouest-Nanterre-La Défense, avec le concours de ses partenaires de l'Université Paris 8 Saint-Denis, avec le concours du Labex Arts-H2H et l'aide de l'Agence nationale de la recherche (ANR-10-LABX-80-01) au titre du programme Investissements d'avenir. Coordination : Emmanuel Wallon.

■ Le texte en a été transcrit à partir de l'enregistrement diffusé sur *Youtube* à l'adresse : https ://www.youtube.com/watch ? v=2I0Z6PTrj6A ; transcription : Michel Métayer.

la critique, dont, d'ailleurs, le propos consiste à mettre à leur tour les objets dont il s'empare à la croisée des chemins entre deux directions opposées culturellement aussi bien qu'économiquement, économiquement aussi bien que politiquement, entre le déclin de la révolution prolétarienne et l'ascension de la contre-révolution menée sous la République de Weimar. Période cruciale [qui], à certains égards, disons, non pas annonçait la nôtre, mais [peut] y faire écho à certains égards quand on voit de notre côté à l'heure actuelle monter par exemple les formules de la « situation d'urgence » ou encore de l'« état d'urgence » ou encore de l'« état d'exception », formule « l'état d'exception » que Benjamin commente par deux fois, une première fois dans *L'Origine du drame baroque* en empruntant à Carl Schmitt, supposément être le juriste de Hitler, cette formule de l'« état d'exception » pour, disons, désigner dans le contexte de la souveraineté baroque le moment où le souverain contre les ébranlements qui viennent de l'opposition, ou des oppositions, brandit l'état d'exception qui met en suspens les règles ordinaires du droit. Souverain est celui qui décide de l'état d'exception. Cette formule de l'état d'exception est reprise dans le dernier texte de Benjamin, le *Concept d'histoire* où il fait appel au véritable état d'exception, véritable état d'exception que représenterait justement l'ouverture vers une révolution à caractère prolétarien. Donc la période cruciale dont je parle se caractérise par un véritable tremblement de terre, et c'est dans ce séisme que Walter Benjamin est appelé à poser le pied, s'il est encore possible de le faire.

Donc je continue la lecture de ce petit chapeau introductif : « [...] les études menées par Walter Benjamin dans une période cruciale qui n'a pas fini de délivrer ses essais proposent et dessinent plusieurs modèles de critiques, variant en fonction des objets dont ils se saisissent [...] ». Je ne fais que reprendre là des fragments empruntés à la dernière œuvre restée en chantier de Benjamin, *Paris capitale du XIXe siècle*, une œuvre qu'il a entreprise sous le signe du surréalisme en 27/29 jusqu'à début 30, qu'il interrompt de 30 à 34 et qu'il reprend de 34 jusqu'à sa mort au passage de frontière à Port-Bou en 1940. Donc c'est, disons, le grand chantier dans lequel s'inscrivent les œuvres, disons, fragmentaires qu'il peut laisser derrière lui, elles sont toutes à vrai dire plus ou moins enlevées dans le chantier que représente *Paris capitale du XIXe siècle*, qu'il s'agisse de la *Petite Histoire de la photographie*, qu'il s'agisse de *L'Œuvre d'art à l'époque de sa reproductibilité technique* et surtout du volume publié par chance avant l'année 40 sur Baudelaire. À vrai dire le *Paris capitale du XIXe siècle* à l'origine est destiné à mettre en scène le destin de l'art au XIXe siècle. De l'art au XIXe siècle, Benjamin est passé par extension progressive à l'introduction dans le travail d'une quantité de matériau historique, en particulier, disons, constitué par les traces, voire par les rebuts que peut laisser l'histoire officielle, l'histoire historiciste de l'officialité, l'historien se faisant alors chez lui chiffonnier – le chiffonnier ramasse dans la rue, donc, les rebuts dont il va constituer lui, Benjamin, la construction qui n'a jamais vu le jour à proprement parler, baptisée *Paris capitale du XIXe siècle*.

Les deux petits morceaux que je vais lire maintenant sur la critique, sa méthode et ses objets sont donc empruntés eux aussi à ce *Paris capitale du XIXe siècle*, où, disons, le travail sur l'histoire du XIXe siècle voisine [avec] le travail sur l'histoire de l'art au XIXe siècle en particulier. Donc Benjamin écrit dans ce *Paris capitale du XIXe siècle* : « Une méthode scientifique se caractérise par le fait qu'en trouvant de nouveaux objets elle développe de nouvelles méthodes. Exactement comme la forme en art se caractérise par le fait qu'en conduisant à de nouveaux contenus, elle développe de nouvelles formes »[2]. Un passage repris aussitôt après dans ce *Paris capitale du XIXe siècle*, mais avec une très légère variation : « La méthode dialectique se caractérise donc par le fait que… » – donc, la méthode scientifique est devenue la méthode dialectique – « La méthode dialectique se caractérise par le fait qu'en conduisant à de nouveaux objets » – et non pas « qu'en trouvant de nouveaux objets » – « elle développe de nouvelles méthodes. Exactement comme la forme, en art, se caractérise par le fait qu'elle développe de nouvelles formes en conduisant à de nouveaux contenus »[3]. Ces deux passages convergents trouvent maintenant, me semble-t-il, et là je livre maintenant d'ores et déjà la conclusion de la petite recherche que j'ai menée en pensant que juxtaposer l'introduction à la conclusion permet, disons de clarifier l'exposé, on voit d'où l'on part et où l'on arrive. Donc la conclusion, elle repose sur ce passage des *Passages parisiens*, à nouveau, de *Paris capitale du XIXe siècle* : « Il y a, à l'intérieur de chaque œuvre d'art véritable, un endroit où celui qui s'y place sent sur son visage un air frais comme la brise d'une aube qui point. Il en résulte que l'art que l'on considérait souvent comme réfractaire à toute relation avec le progrès peut servir à déterminer la nature authentique de celui-ci. Le progrès ne loge pas dans la continuité du cours du temps, mais dans ses interférences : là où quelque chose de véritablement nouveau se fait sentir pour la première fois avec la sobriété de l'aube »[4]. Ça, c'est le point d'arrivée d'un parcours traversant les différents stades du développement critique qu'a pu mener le théoricien.

Ce trait que je viens d'évoquer laisse supposer donc, si vous l'avez bien compris, qu'il y aurait dans l'œuvre d'art véritable à chaque fois un endroit où celui qui s'y place, et celui qui s'y place ce sera le critique, sent sur son visage un air frais comme la brise d'une aube qui point. Ce serait là la tâche, maintenant, du critique que je vais dégager à cet endroit, qui n'est pas forcément évident, à partir duquel l'œuvre se scinde en quelque sorte entre ce qu'elle a d'ancien et ce qu'elle peut avoir de nouveau, à ce point de rupture ou de transition comme on voudra ; entre l'ancien et le nouveau dans l'œuvre travaille le critique, travaille le théoricien. Alors, ce passage consonne avec un autre texte, qui est très évocateur, d'un article de 1931 intitulé *Science de la littérature et Histoire de la littérature*. Alors dans ce passage qui est le commentaire d'un certain nombre d'écrits qui viennent de paraître dans l'actualité de l'année, Walter Benjamin conclut : « Il ne s'agit pas de présenter les œuvres de la littérature dans le contexte de leur temps, mais d'amener à exposition dans le temps où elles sont nées, le temps qui les connaît – c'est-à-dire le nôtre. Ainsi la littérature devient-elle un organon de l'histoire, et faire cela d'elle – au lieu de la constituer en un matériau de l'historiographie –, telle est la tâche de l'histoire de la littérature »[5]. Ici Benjamin sauve, si vous voulez, l'histoire de la littérature comme supérieure à la science de la littérature, la science de la littérature, à savoir le champ du savoir, celle qui se libère dans différentes sphères

■ 2. W. Benjamin, *Paris capitale du XIXe siècle*, trad. fr. J. Lacoste, Paris, Le cerf, 1989 [N 9, 2], p. 490.
■ 3. *Ibid.* [N 10, 1], p. 492.
■ 4. *Ibid.* [N 9a, 7], p. 491.
■ 5. W. Benjamin, *Œuvres et Inédits*, t. 13 : *Critiques et recensions*, trad. fr. M. Dautrey, P. Ivernel et M. Métayer, Paris, Klincksieck, 2018, vol. 1, p. 317.

de l'existence individuelle et collective. La science de la littérature, donc le savoir sur la littérature cède la primauté à l'histoire de celle-ci. L'histoire de la littérature n'est plus celle que moi j'ai connue étudiant à une époque où on ignorait *grosso modo* aussi bien le structuralisme que la linguistique ou que la psychanalyse pour parler de science, entre guillemets, qui serait annexée par l'analyse de la littérature, et ce qui dominait dans l'université ancienne, dont je suis sorti pour aller à Vincennes en 1968, c'était justement l'histoire littéraire. L'histoire de la littérature dont nous parle ici Benjamin n'a rien à voir avec l'histoire littéraire que j'ai connue avant la linguistique, le structuralisme, la psychanalyse et tout le reste. C'est une histoire, c'est une histoire qui fait principalement sa place justement à la rupture entre l'ancien et le nouveau qui peuvent coexister dans une œuvre d'art, et qui mettent cette œuvre d'art à l'heure de notre présent.

Alors la relation entre présent, le présent du critique, le présent du théoricien et le passé, le passé que toute œuvre d'art par rapport au critique ou au théoricien qui s'en empare bien entendu devient central dans *Paris capitale du XIXᵉ siècle* à l'instar de la relation entre le présent que Benjamin, se lançant sur ce chantier, qu'il n'a pas achevé, au XIXᵉ siècle. Donc le passage maintenant, à mon avis complète tout à fait ce que je viens de dire, enfin, d'une histoire de la littérature qui deviendrait finalement la marque d'un progrès authentique dans la littérature, mais aussi, à travers la critique qu'on met en place, dans l'ensemble de la collectivité, dans l'ensemble de la société, le passage qui règle donc la question entre le passé et le présent s'appliquant à l'ensemble de *Paris capitale du XIXᵉ siècle* est le suivant, et je m'en inspire beaucoup en général, je m'en suis inspiré beaucoup dans l'enseignement que j'ai pu donner à Paris 8, et qui continue, disons, à me stimuler dans les lectures ou les travaux que je peux continuer à faire. Alors : « On dit que la méthode dialectique » – la méthode dialectique dont il était question précédemment à propos de l'histoire littéraire de la prose des œuvres – « On dit que la méthode dialectique consiste à rendre chaque fois justice à la situation historique concrète de l'objet auquel elle s'applique. Mais cela ne suffit pas, car il est tout aussi important, pour cette méthode, de rendre justice à la situation historique concrète de l'*intérêt* qui est porté à son objet. Et cette situation a toujours ceci de particulier que l'intérêt est lui-même préformé dans cet objet et surtout a le sentiment que cet objet est en lui-même concrétisé, qu'il est arraché à son être antérieur et accède à la concrétion supérieure de l'être-maintenant (de l'être éveillé !) » – par opposition au rêve. — « Comment cet être-maintenant (qui n'est rien moins que l'être-maintenant du "temps présent" et qui est, au contraire, un être-maintenant intermittent, discontinu) peut-il, par lui-même, représenter déjà une concrétion plus haute ? Cette question, il est vrai, ne peut être abordée par la méthode dialectique dans le cadre d'une idéologie du progrès. Elle appelle une vision de l'histoire qui dépasse en tous points cette idéologie. Il faudrait alors que cette vision évoquât la condensation croissante ([à savoir] l'intégration de la réalité) qui fait que tout événement passé (en son temps) peut acquérir un plus haut degré de l'actualité que celui qu'il avait au moment où il a eu lieu. Ce passé acquiert les caractères d'une actualité plus haute grâce à l'image par laquelle et sous laquelle il est compris »⁶.

■ 6. W. Benjamin, *Paris capitale du XIXᵉ siècle, op. cit.* [K 2, 3], p. 409.

Donc, dans la relation entre présent et passé que suggère ici Walter Benjamin, dans cette relation entre présent et passé, nous avons affaire, disons, à une double élévation, et du passé et du présent qui s'empare du passé, à une concrétisation qui porte l'un et l'autre, et le passé et le présent, à un stade plus élevé à travers l'image que constitue leur rencontre, cette image, Walter Benjamin l'a appelée aussi l'« image dialectique ». Image dialectique, c'est celle au sein de laquelle se met en place une constellation entre présent et passé, une configuration, l'image dans l'image, ce serait plutôt celle de la constellation, et d'ailleurs le thème revient très souvent chez Benjamin, l'image dialectique, c'est celle d'une constellation entre présent et passé où les deux éléments de la constellation, le présent d'un côté et le fragment du passé dont le présent s'est emparé de l'autre, se dynamisent et, finalement, se relancent et se rehaussent réciproquement, en conquérant, l'une et l'autre et l'une par l'autre une actualité supérieure. Cette actualité supérieure, c'est celle qui va mener, si vous voulez, à la position politique dont Benjamin ne dissocie jamais la position esthétique. Justement dans ce moment crucial, qui est un moment de choix, obligé en quelque sorte, entre deux orientations possibles, à la croisée des chemins.

Voilà donc pour ce qui est, si vous voulez, le schéma d'ensemble de cet exposé rapide. Et alors ce que je voudrais faire maintenant, mais ce ne sera qu'en pointillé, c'est de concrétiser à leur tour les différentes étapes à travers lesquelles Walter Benjamin exerce sa critique sur l'œuvre, ses critiques sur les œuvres. Alors il y a une sorte de parcours du théoricien Benjamin qui mène de sa première dissertation, comme on appelle ça dans l'université allemande, c'est une thèse de troisième cycle, aurait-on dit autrefois, un master aujourd'hui peut-être, cette dissertation soutenue à Berne concerne le concept de critique d'art dans le romantisme allemand. Alors c'est la première grande théorie, la première grande réflexion de Benjamin sur la critique et sa théorie. Le concept de critique d'art dans le romantisme allemand, je m'en explique très rapidement, c'est celui qui met en avant au sein de l'œuvre dont s'empare le critique une structure qu'on pourrait dire réflexive, l'œuvre que privilégie le romantisme allemand, c'est donc l'œuvre réflexive, autoréflexive qui porte en elle-même, disons, la mise en abyme de son propre fonctionnement. Vue ainsi, l'œuvre romantique, c'est Friedrich Schlegel qui parle ce langage dans l'*Athenaeum*, dit ainsi : l'œuvre romantique prête la main directement à sa critique. C'est-à-dire que la critique s'engage dans l'œuvre romantique non pas comme dans un objet extérieur, mais au contraire comme dans un objet qui lui est intrinsèquement associé. Donc l'œuvre romantique dont s'empare le critique romantique est elle-même une œuvre qui porte en elle sa critique, et ceci dans une sorte d'infini à venir où critique et poésie se relaient, selon le mouvement d'une spirale, qui peut aller très loin. Alors l'œuvre que retient Schlegel pour illustrer ce processus, c'est les *Années de formation de Meister*, le roman de Goethe, et celui des *Années de voyage*. Alors c'est à travers la maturation progressive de Meister passant de la jeunesse à l'âge mûr, et au-delà de l'âge mûr, si on le veut, vers la vieillesse, à travers ce récit romanesque, c'est une illustration justement du retour du personnage et des événements sur eux-mêmes qui va marquer le processus en cours.

Donc quand Benjamin maintenant tend à définir dans un premier temps la méthode dialectique dont il parle, c'est en fait pour commenter purement et simplement, et non pas critiquer, l'œuvre romantique allemande au sein de laquelle déjà la poésie entraîne la critique, et la critique la poésie. Donc ici Benjamin adhère en tant que critique complètement à l'œuvre d'art romantique qui est elle-même critique, et qu'on dessinait à l'instant.

Ça c'est un premier temps. Dans un deuxième temps, en 1925 maintenant, puisque *Le Concept d'art dans le romantisme allemand*[7] date de 1920, en 1925 paraît *Les Affinités électives de Goethe*[8], un ouvrage remarqué par Hoffmannsthal, dans son temple, et l'ouvrage s'ouvre par un paragraphe, qui a sa célébrité, opposant cette fois, ou articulant, et non pas seulement contrastant, le commentaire et la critique. Alors, cette réflexion sur commentaire et critique, sur leur dialectique à eux-mêmes d'ailleurs, Benjamin la reprend très souvent au fil de ses travaux. Elle revient, elle revient de façon relativement fréquente. Alors l'opposition entre commentaire et critique est la suivante : le commentaire s'intéresse au centre du vécu, à ce que Benjamin appelle le *Sachgehalt*, vous avez cité tout à l'heure quelque chose qui lui ressemble, qui s'y oppose, ce *Sachgehalt*, c'est la teneur factuelle, ou la teneur chosale de l'œuvre des *Affinités électives* de Goethe, et à la teneur chosale ou factuelle dont le commentaire, dont le commentateur s'empare, s'oppose ou se relie de façon contrastée la teneur de vérité, *Wahrheitsgehalt*, la teneur de vérité dont Benjamin dit qu'il s'agit de la flamme du vivant. Donc dans cette œuvre des *Affinités électives*, une part de commentaire va s'attacher au contenu factuel et chosal qui ne représente que la cendre du vécu pour essayer de dégager dans l'œuvre, la flamme du vivant, qui dépasse l'œuvre et parvient jusqu'à nous, jusqu'à notre présent. Pour rendre les choses sensibles, il faudrait s'en prendre maintenant au récit de Goethe lui-même, ce qui m'emmènerait un peu loin. Mais, pour résumer très rapidement, le récit de Goethe tourne autour du renoncement de l'héroïne Ottilie au désir amoureux, au désir érotique en quelque sorte, à la passion amoureuse qui la met en rupture avec l'institution du mariage. Et, victime de sa propre attitude de renoncement, elle se laisse dépérir. Elle se laisse dépérir et c'est ce dépérissement qu'examine Benjamin pour lui opposer ce qu'il appelle la flamme du vivant, qui passe par l'attitude opposée en principe. Parallèlement à son analyse du renoncement ottilien, Benjamin le critique, repère chez Goethe lui-même maintenant une angoisse mythique devant la mort autant que devant la vie, angoisse mythique qui met à bas la statue du Goethe olympien chère à l'époque, et entre autres aussi à l'école de George. Donc l'analyse qu'il fait des *Affinités électives* déborde largement le cadre du roman pour se livrer à une sorte de psychanalyse sauvage, en quelque sorte, de l'angoisse mythique chez Goethe. À quoi s'ajoute encore un développement philosophique inspiré de Platon sur le rapport entre beauté et vérité, car il va de soi que Ottilie dans ce récit ne peut être que belle. Donc on voit ici le critique à la recherche de la teneur de vérité développer son travail sur plusieurs plans, dans plusieurs dimensions en quittant la lettre des *Affinités électives*, et ce travail de Benjamin, livre important, à sa manière fait cette œuvre. Là le critique devient l'auteur de ce que l'on pourrait appeler une œuvre, sans qu'on sache encore si cette œuvre peut être comparée à une œuvre d'art,

7. W. Benjamin, *Le Concept de critique esthétique dans le romantisme allemand*, trad. fr. Ph. Lacoue-Labarthe et A.-M. Lang, Paris, Champs-Flammarion, 2008.

8. W. Benjamin, « Les Affinités électives de Goethe », trad. fr. M. de Gandillac et R. Rochlitz, dans W. Benjamin, *Œuvres*, Paris, Folio-Gallimard, 2000, t. 1, p. 274-395.

mais elle en rejoint à certains égards, par sa dimension plurielle et son organisation intérieure, elle en rejoint plus ou moins les exigences.

Intervention du modérateur : On va devoir arrêter bientôt parce qu'il est vraiment six heures moins trois, donc il faut conclure.

Ph. I. : Alors est-ce que cet exemple suffit, il faudrait passer ensuite…

Intervention d'un organisateur (?) : […] on a vraiment promis de rendre à dix-huit heures […].

Ph. I. : Alors en deux mots la suite s'attacherait à *Origine du drame baroque allemand* et aux concepts que l'étude développe : le concept d'origine, le concept de constellation, et puis le concept d'une avant-histoire et d'une après-histoire de l'œuvre.

L'étape suivante nous mène à *Sens unique*, qui est un, *Sens unique* est un ensemble de fragments sur la tâche du critique qui donne de la critique maintenant une idée tout à fait différente dans l'actualité brûlante des années 1928-1932. « Le critique est stratège dans la bataille de la littérature. Qui ne peut prendre parti doit se taire. Le critique n'a rien à voir avec l'exégète des époques passées de l'art »[9].

Et de là il aurait fallu entrer dans le *Baudelaire* qui met en place donc un poète lyrique à l'âge du capitalisme avancé, un Baudelaire que Benjamin oppose à la figure de Hugo, qui est le XIXᵉ siècle à lui tout seul, tandis que Baudelaire apparaît à travers ses ruses, ses tours et ses détours, comme un résistant au règne de la marchandise, qui est ce pendant au règne de la mort dans la tragédie baroque.

En conclusion, il apparaît que la méthode dialectique de Benjamin s'empare bien de différents objets qui en varient le processus et la fonctionnalité, d'une étude à l'autre. Et reste à savoir maintenant dans quelle mesure alors ce passé de Benjamin peut être repris par notre présent et sauvé par lui à certains égards. Alors je pense que l'œuvre de Benjamin est suffisamment ouverte, si vous voulez, pour que chacune de ces phases puisse encore aujourd'hui guider et l'enseignant et l'analyste et le praticien de l'art comme celui de la culture.

Modérateur : Merci beaucoup.

Propos retranscrits par Michel Métayer

■ 9. W. Benjamin, *Sens unique*, trad. fr. J. Lacoste, Paris, Maurice Nadeau, 2007, p. 171-172.

PARUTIONS

Laurent Fedi
Kant, une passion française 1795-1940
Georg Olms Verlag, 2018, 690 p.

Spécialiste de Comte et de Renouvier notamment, Laurent Fedi délaisse ici l'approche monographique pour proposer une « enquête sur les lectures françaises de Kant » qui frappe d'abord par son amplitude temporelle et sa transversalité, en se fondant sur un corpus de sources primaires et secondaires, de nature historique, littéraire, politique et philosophique, qui émaillent constamment le propos. Le fil conducteur global étant historique – le développement en cinq parties s'étend de la fin du XVIIIᵉ jusqu'à la chute de la troisième République et la montée des périls totalitaires –, le lecteur est entraîné par la dynamique d'une recherche « présentée dans le style d'un récit » (p. 649).

Il en résulte un tableau tout à la fois dense, précis et documenté, mais aussi très vivant, de l'extrême diversité des interprétations du kantisme que l'auteur pose comme indissociables de leurs inscriptions respectives dans des rapports de forces idéologiques et des crises politiques, dont les guerres entre l'Allemagne et la France, toile de fond de l'analyse, sont la forme la plus paroxystique. On se rappelle que Bergson, juste avant la première Guerre mondiale, comparait le spinozisme de l'*Éthique* à « un cuirassé du type *Dreadnought* ». C'est bien à une sorte de machine de guerre autant qu'à un « esprit » ou un « idéal » que le kantisme est ici assimilé, dont les cibles vicariantes varieront au fil des époques et en fonction des enjeux philosophiques, que ce soit contre le matérialisme et le sensualisme des Lumières, ou, un peu plus tard, contre le positivisme triomphant, puis d'autres contradicteurs théoriques divers et nombreux, mais aussi contre des formes historiques de régimes politiques (monarchies, régime de Vichy, totalitarismes) et des idéologies plus diffuses (cléricalisme, économisme, antisémitisme, matérialisme, anti-humanisme, etc.), une guerre spécifique donc, dont le théâtre et le centre sont la vie intellectuelle au sens large du terme et son retentissement dans la société tout entière, y compris par le biais de la presse.

Ce qui pourrait apparaître comme une zone grise et un foyer équivoque de la pensée kantienne selon une histoire de la philosophie que l'on pourrait qualifier d'acosmique, est ici résolument investi par Laurent Fedi comme un domaine pleinement légitime : « Ce qui est intéressant dans le cas de Kant, c'est justement l'absence de neutralité de cet "objet" dont le destin s'est lié à l'actualité politique et culturelle (au sens des choix de civilisation) dès son introduction en France » (p. 13).

Le véritable sujet de l'étude consiste donc d'abord dans un glissement : de Kant et de son système éponyme vers le « rapport à Kant » (p. 13) tel qu'il se forge dans le creuset français à partir de la fin du XVIIIe, et tel qu'il se remanie à travers des réceptions successives que l'auteur conçoit davantage comme des captations plus ou moins violentes, puisqu'il appréhende le « kantisme français » non dans les termes de traduction, tradition ou transmission mais plutôt sur la mode de la transgression ou de la subversion sciemment perpétrée. Laurent Fedi explore ainsi tout le répertoire, ainsi que les origines et les modalités de ce qu'il nomme d'abord de façon savante et descriptive « les usages contextualisés » du kantisme, mais dont l'énumération dévoile la véritable teneur stratégique : « une réappropriation, une utilisation, voire une instrumentalisation, variant au gré des événements » (p. 7), des usages prédateurs donc, puisqu'ils vont jusqu'au point de rendre la philosophie en jeu méconnaissable. De ce point de vue, la première partie intitulée « L'accommodation de Kant au romantisme français » présente un Kant préromantique, ultra-sentimental, adepte de l'émotion, cultivant l'enthousiasme et l'élévation religieuse qui fut en vogue à la période post-révolutionnaire, ce qui nous éloigne totalement de l'image métronomique du maître de Könisberg longtemps véhiculée par l'enseignement philosophique. Germaine de Staël est une actrice majeure de l'hybridation déconcertante du sentimental et du transcendantal à laquelle on assiste aussi au sein d'une nébuleuse d'auteurs, que leur méconnaissance du kantisme semble plutôt stimuler. Mais il y eut d'autres figures et idiosyncrasies attribuées à Kant, peut-être moins frappantes comme celles du scepticisme avec Victor Cousin, de l'individualisme contre la raison d'État au moment de l'Affaire Dreyfus, ou celle forgée par Maurras du « demi-dieu de la démocratie » qui vont donc bien au-delà de l'effigie du théoricien de la connaissance et du refondateur de métaphysique. Cette plasticité infinie des interprétations qui semble ne pas redouter les tensions au bord de la rupture et les alliances contradictoires d'idées et d'auteurs (Maine de Biran et Kant, Kant et Locke, etc.) nous paraît aujourd'hui très déconcertante.

La notion d'instrumentalisation dont la pertinence s'est élaborée dans la sphère médiatique et politique, peut, en l'occurrence, troubler le lecteur, mais elle se teinte ici d'un sens plus heuristique que polémique ou dénonciateur. Pour donner un exemple suggestif d'instrumentalisation idéologique analysé par l'auteur, citons le cas du régime de Vichy qui avait accusé le kantisme d'être « une des causes de la défaite » (p. 582) en tant que philosophie de l'Université. En contrepoint à cette vision purement inquisitoriale, on ne s'étonnera donc pas que la dernière partie de l'ouvrage (« Criticisme et philosophie des sciences : Léon Brunschvicg ») soit entièrement consacrée à ce philosophe de grande notoriété académique mais aujourd'hui plutôt oublié, qui se trouve à l'origine d'un infléchissement du kantisme en fonction des normes de la rationalité scientifique, mais qui fut aussi interdit d'enseigner parce que juif et contraint d'amputer son nom pour échapper aux persécutions politiques.

Mais la notion d'instrumentalisation apparaît d'autant plus justifiée qu'elle inaugure et caractérise le début de cette saga philosophique franco-allemande : « avant même d'avoir été lu, Kant a servi d'antidote au matérialisme et au sensualisme du XVIIIᵉ » (p. 5) comme l'indique l'ouverture de l'ouvrage. C'est donc sur une dématérialisation première d'un pseudo corpus que se fonde l'épopée des anamorphoses du kantisme, ce qui est à la fois troublant et tout à fait représentatif de l'un des régimes actifs de cette transmission-transgression, celui de l'imaginaire. On y découvre ainsi que « la philosophie de Kant a eu le statut d'une rumeur colportée par des Allemands séjournant en France et des Français émigrés, diplomates ou militaires stationnés outre-Rhin. » (p. 5).

Laurent Fedi distingue trois usages possibles d'une philosophie (usage savant, usage philosophique et usage idéologique) mais constate aussi que, non seulement leur confusion est possible, mais qu'elle a pu être systématique durant une très longue période : « Dans le cas de Kant, il semble qu'aucun de ces usages n'ait existé à l'état pur avant la seconde moitié du XXᵉ siècle, à de rares exceptions près. »(p. 11). Cet éclairage rétrospectif saisissant invite à revisiter notre patrimoine académique des commentaires universitaires sous un autre jour, non celui de la suspicion générale, mais plutôt celui de la connaissance des engagements sous-jacents de leurs auteurs. C'est le gisement des « déformations », des « télescopages », des « malentendus » et des biais idéologiques de lecture du kantisme qui est donc mis au jour à travers cette enquête dont le matériau pluri-séculaire est considérable.

L'auteur présente successivement les différents et nombreux paradigmes du kantisme qu'il nomme des « constellations » ou des « séquences significatives » afin de mettre en œuvre une approche résolument non réductrice de l'interprétation et des échos d'une philosophie majeure qu'il puise, non dans le triple étau de la critique anti-idéaliste de Taine, « la race, le milieu et le moment » ou dans l'abus contemporain des « contextes » aux vertus explicatives, mais, plus judicieusement, dans le registre et régime de l'historicité. Le pari est donc d'appréhender le kantisme comme « un formidable objet sociologique » révélateur de crises socio-politiques majeures tout en préservant l'autonomie de la recherche du vrai qui fonde la philosophie et la pertinence intrinsèque des concepts.

L'étude proposée par Laurent Fedi se veut en effet « une histoire de la philosophie française racontée à travers la référence à Kant et une histoire des querelles internes au champ philosophique français. » (p. 13). Cette dimension polémologique apparaît même comme prédominante dans l'ouvrage, comme si conflits entre pays des deux rives et conflits philosophiques se répondaient sans se confondre. Car, comme le stipule aussi très clairement la quatrième de couverture : « Kant en France n'est pas seulement un phénomène de réception : c'est l'histoire même de la philosophie française depuis le début du XIXᵉ siècle. ». Et cette histoire ne fut pas un long fleuve tranquille passant sous les ponts monumentaux des institutions universitaires, car si Kant a servi de référence souvent officielle à la philosophie, il a aussi défini un contre-modèle d'humanité, de société, de rationalité auxquels des écrivains étudiés dans l'ouvrage, dont le plus célèbre est sans doute Maurras, ont décidé de s'opposer avec véhémence.

L'une des conceptions reconstituées par Laurent Fedi est celle de la république kantienne, d'autant plus intéressante et riche à évoquer qu'elle relie l'un des premiers traducteurs de Kant, à savoir Barni, jusqu'aux controverses philosophiques des années trente sur la différence entre personne et individu qui vont animer mais aussi fracturer la nébuleuse personnaliste à partir de Mounier, mais aussi de Clavel, de Lacroix ou de Blondel, selon deux grandes voies, celle d'une philosophie chrétienne avec toutes les ambiguïtés que cette expression charrie et celle d'une forme d'humanisme existentialiste revendiquant le primat de la liberté humaine, avec des modèles politiques tout aussi différents. Cependant, le grand paradoxe initial de la théorie républicaine qui émerge au milieu du XIXᵉ siècle est de découler de la philosophie morale de Kant et non de sa philosophie politique, comme le souligne l'auteur.

Kant en tant que promoteur de principes moraux et juridiques, d'une certaine « objectivité morale » comme dit Barni, et d'une morale universelle première par rapport à la religion se met ainsi à constituer une ressource capitale pour inspirer une rationalité laïque incisive au fondement d'une cité axée sur les droits naturels et politiques des individus contre toutes les formes de domination, autrement dit, l'essence même de l'idéal républicain

À propos du républicanisme d'inspiration kantienne, Claude Nicolet avait posé des jalons précieux dans son étude magistrale sur l'Idée républicaine en France, et même si l'hétérogénéité des penseurs républicains y était déjà fortement soulignée, on pourra apprécier le tableau plus approfondi des fortes divergences entre Barni et Renouvier que propose notamment Laurent Fedi. Ce contraste est d'autant plus saisissant qu'il s'agit de deux fondateurs contemporains de la Révolution de 1848 et opposants farouches au césarisme qui la sanctionna, mais, tandis que Barni développe l'idée d'une république politiquement libérale et socialement conservatrice, à tonalité spiritualiste dans la lignée de Cousin, Renouvier envisage une république à la fois sociale, laïque et libérale beaucoup plus cohérente et audacieuse. L'aspect concurrentiel des références républicaines à Kant et de leurs usages au sein d'une même tendance politique est donc d'emblée beaucoup plus prononcé qu'on ne le pense, ce qui atteste l'hypothèse générale d'un kantisme protéiforme et dynamique qui préside à tout l'ouvrage.

Ces lignes directrices fortes qui bousculent une vision éthérée de l'histoire de la philosophie en la confrontant à des luttes concrètes de terrain et de pouvoir, concordent pourtant avec des travaux précédents sur la philosophie française qui ne revendiquaient pas de modèle spécifique afin de théoriser des échanges ou interactions philosophiques entre pays et auteurs étrangers.

En voici quelques exemples qui ne figurent pas dans l'ouvrage, mais qui constituent des repères robustes et concordants. Ainsi, André Robinet évoque déjà nettement un processus d'altération du kantisme : « Dans le contexte de la philosophie française, la pensée de Kant ne s'est jamais retrouvée telle qu'elle fut. »[1]. Dans la notice d'un dictionnaire consacrée à la philosophie française Jean Lefranc confirme la centralité de la référence au kantisme : « Il n'est pas excessif d'affirmer que, durant tout le siècle, les philosophes français ne cesseront pas de se situer eux-mêmes par rapport à l'œuvre de Kant, même

---

1. A. Robinet, *La Philosophie française*, Paris, P.U.F., « Que sais-je ? », 2ᵉ édition, 1969, p. 99.

quand ils affectent de l'ignorer comme Taine »[2]. Enfin, Édouard Morot-Sir se sert d'une métaphore quasi modélisante, celle de « greffe culturelle », pour appréhender l'adoption du kantisme en France : « C'est ainsi qu'au cours du XIXe siècle, et surtout après 1870, ce cartésianisme français a procédé à une importance opération de greffe culturelle : il a inséré dans son écorce un rameau kantien, qui a admirablement « pris » et est devenu élément naturel du paysage français »[3].Et il est indiscutable que toute forme de philosophie en France, en notre siècle, est imprégnée de criticisme kantien »[4].

Si ces quelques jalons éloquents montrent que l'influence kantienne a donc été déjà établie, documentée et approfondie dans des travaux anciens et récents dont Laurent Fedi rappelle l'importance, il s'en démarque en soulignant surtout, quant à lui, l'hétérogénéité des formes du kantisme et leur articulation avec des enjeux extra-philosophiques, au point de faire voler en éclats l'unité et la cohérence interne du néo-kantisme comme courant ou doctrine philosophique en France.

Le propos diffère beaucoup d'une synthèse des réceptions du kantisme, dont un état de l'art est donné par l'auteur, rappelant ainsi que d'excellents travaux ont été consacrés à tout ou partie de cette question sous forme d'articles, d'ouvrages ou de colloques. Le lecteur comprend donc très vite qu'il ne s'agira pas de relater un transfert culturel franco-allemand de plus de trois siècles et que le véritable centre de l'ouvrage n'est pas le kantisme comme doctrine, système, métaphysique mais aussi comme critique, méthode et source de questions philosophiques nouvelles. L'unité présumée du corpus kantien n'est pas évoquée en tant que question, sujet ou problème. Ni même, en contrepoint, celle de la diversité de ses rejetons en Europe, voire dans le monde entier, (néo-kantismes, criticisme) qui ont constitué le thème de programmes de recherche, dont certains sont en cours. Cet aspect pourrait d'ailleurs représenter un point aveugle obérant l'analyse, car Laurent Fedi ne s'attache pas à définir l'essence normative du kantisme, ni à distinguer l'épure de ses contrefaçons éventuelles. D'aucuns pourront considérer qu'il évacue cette question préjudicielle et que les notions opératoires de kantisme et de néo-kantisme fonctionnent alors dans l'argumentation comme des postulations non élucidées.

Loin d'une approche philologique qui identifierait un corpus kantien originaire et ses traductions-trahisons, l'auteur choisit audacieusement d'englober les lectures françaises dans le mot sulfureux de « passion ». Car il s'agit bien de présenter les batailles idéologiques successives autour du kantisme mais aussi les conflits entre les deux grandes nations philosophiquement rivales, Allemagne et France, qui se sont construites en opposition, ou pour mieux dire, à travers la crise allemande de la pensée française, selon le titre de l'ouvrage de Claude Digeon.

Dans cette mesure, le syntagme « passion française » qui a fait école depuis la fameuse *Histoire des passions françaises* de Theodore Zeldin au

---

■ 2. Madeleine Ambrière (dir.), *Dictionnaire du XIXe siècle européen*, Paris, P.U.F., « Quadrige », 2e édition, 2012, p. 494.
■ 3. E. Morot-Sir, *La Pensée française aujourd'hui*, Paris, P.U.F., « Sup », 1971, p. 56.
■ 4. *Ibid.*, p. 57.

point d'être très souvent repris dans des titres d'ouvrages et d'articles, forme ici au contraire une manière incisive d'indiquer la ligne directrice de l'ouvrage. En effet, la passion dont il s'agit n'est certes pas la fameuse « gangrène de la raison pure pratique » qualifiée par Kant comme « pathologique », et encore moins, selon la distinction kantienne qui ne récusait pas l'amour, « l'amour pratique qui réside dans la volonté agissante » (p. 584). Parmi les passions suscitées par les idées kantiennes, la politique occupe une très large part et représente même le fil conducteur essentiel de l'ouvrage. Comme l'indique le titre de la quatrième partie : « Kant dans les batailles idéologiques franco-françaises », ce rôle idéologique ingrat et cynique est allé jusqu'à ce que Laurent Fedi décrit comme un enrôlement de Kant dans la guerre de 1914. De l'introduction de Kant en France par le *Projet de paix perpétuelle* à partir de 1795 jusqu'au rôle majeur de l'autonomie morale kantienne dans la fondation d'une philosophie républicaine qui s'élabore chez Barni et Renouvier notamment, –auteur auquel Laurent Fedi consacre une partie tout entière de près de deux cents pages (Le « nouveau criticisme » de Charles Renouvier) –, jusqu'au Kant réinvesti comme source de l'individualisme métaphysique qui sous-tend la démocratie moderne selon ses adversaires de l'entre-deux-guerres qui rêvent de communautés organiques, et enfin, par l'adoption de Kant en figure du résistancialisme, le kantisme réinterprété a configuré la pensée et la vie politiques en France, y compris en inspirant un antigermanisme récurrent qui imprègne à plusieurs reprises un dialogue philosophique ambivalent tendu entre amour et haine entre les nations.

Loin d'avoir épuisé le contenu d'un ouvrage dont on devine sans doute la richesse et l'intérêt autant pour les historiens que pour les philosophes, nous oserons nous aventurer sur un terrain plus général, pour suggérer que ce livre original et prenant confine à un art d'écrire une histoire globale de l'esprit européen, en l'occurrence à travers les tribulations du kantisme en France, plutôt qu'à une histoire des idées philosophiques au sens classique du genre. Laurent Fedi a tenté de reconstituer la géométrie des déformations françaises d'un kantisme de style baroque, mais il ressort néanmoins qu'une certaine ligne transversale pourrait permettre de caractériser une passion peut-être plus obstinée que d'autres, en faveur d'une philosophie de l'esprit, de la réflexivité, voire d'un spiritualisme.

Isabelle de Mecquenem
Professeur agrégé de philosophie à l'ÉSPÉ de l'Université de Reims

ABSTRACTS

Walter Benjamin critique

Extension of the Concept of Irony to Objective Irony
Antonia Birnbaum

Taking up the theoretical framework of the first romantics, that of an art exposing the absolute, Walter Benjamin ruins its unity. To do this, he introduces a wit-concept, « objective irony ». Its difference is established not as the dissolution of the form of the work, adjustment of the work and the absolute of art, but as an interruption of appearance within the form itself. This singular break comprehends the dimension of criticism, so that criticism is no longer the accomplishment of the work but its discontinuity, a turning against itself of the form, against its own closure.

The Wonder Battery Only Wears Down if One Uses it
Michel Métayer

If the Wonder battery only wears down if one uses it, as declares the advertisement, what happens to a work of art when it is read, represented, translated? Should it be preserved in a casket? Walter Benjamin answers this question : on the contrary, every work of art that deserves the name possesses an afterlife, which can take on various forms : through time, the wear of the work increases its density. To elucidate this densification in its relation to time is the task of the critic.

An « Exemplary » Criticism : Walter Benjamin's *Elective Affinities*
Jacques-Olivier Bégot

Following up on the main features of the study on Elective Affinities, this article shows in what sense it is the "exemplary" working of literary criticism as Benjamin redefined it. That conception, stemming both from the confrontation with the Romantic model and from the rejection of George-Kreis poetics, assigns to criticism the task of uncovering the "truth value" of the work. The uncovering of truth which takes on the form of a "caesura" implies the tearing apart of the hold that "myth" may have, in all its forms, including the myth of the work as a "beautiful appearance".

Pieces of Reality. The Concept of Art Critique, From the *Origin of the Baroque Drama* to *One Way Street*
Andrés Goldberg

The break with the romantism of Iena and the exploration of the allegorical sign leads Walter Benjamin to a shift in his conception of immanent art criticism. The idea of a formal achievement gives way to that of a violent action in regard to the work. This movement is recapitulated in the definition of criticism as a mortification of the works, stated in the Origin of the baroque drama. By confronting formally this book with One way street, this article distinguishes the effects of such a critique in view of conceiving a philosophy of art separated from aesthetics and the privilege of form.

Walter Benjamin : Some Texts

The concept of criticism is a crucial concept of the philosophy of Walter Benjamin. It designates a practice, a repetition and revision of a theoretical tradition relating both to German romanticism and to the art history initiated by Aloïs Riegl, a deterritorialiazation of philosophy outside of the university discourse. Are presented here certain occurrences of this work.

Benjamin's Critical Relevance
Philippe Ivernel

From the concept of art criticism in German romanticism to the works on Baudelaire, first proposed as a part of the book of Passages, Paris capital of the nineteenth century, the studies undertaken by Walter Benjamin in this crucial period continue to deliver their lucidity and propose several models of criticism. These models vary in function of the objects they scrutinize, as is suggested by the « dialectical method » affirmed by Walter Benjamin. They observe the works in their conditions and their destination, addressing an actuality that shows them to be of interest for us today. This actuality constitutes both the present of Benjamin, and his presence in our time. This was the announcement proposed by Philippe Ivernel for his conference at a symposium concerning the concept of criticism and creation in december 2015 : the following text is a reproduction of this conference.

FICHE DOCUMENTAIRE

1er TRIMESTRE 2019, N° 156, 120 PAGES

Le dossier de ce numéro des Cahiers philosophiques est consacré au renouvellement radical du concept de « critique » développé par Walter Benjamin.

En complément de ce dossier, la rubrique Introuvables propose quelques extraits du tome 13 des Œuvres et inédits de Benjamin, paru en 2018 chez Klincksieck, sous le titre Critiques et recensions. Ces extraits présentent un échantillon du travail critique du philosophe.

On lira aussi, dans la rubrique Situations, la transcription d'une conférence de Philippe Ivernel prononcée en décembre 2015 à Paris peu de temps avant sa mort et qui traite de « L'actualité critique de Benjamin ».

Mots clés

Walter Benjamin ; critique ; traduction ; romantisme ; art ; esthétique ; Johann Wolfgang Goethe ; Philippe Ivernel.

MARC BERDET
**LE CHIFFONNIER
DE PARIS**
WALTER BENJAMIN
ET LES FANTASMAGORIES

Vrin - Matière étrangère
192 p. - 12,5 x 18 cm
ISBN 978-2-7116-2637-3 - sept. 2015

Le chiffonier de Paris. Walter Benjamin et les fantasmagories.
Marc Berdet

Dans sa traversée de Paris au XIXᵉ siècle, Walter Benjamin s'est trouvé confronté à un ensemble d'espaces singuliers et emblématiques du capitalisme naissant, qui en exprimaient toute la puissance triomphante. Mais ces espaces en éclipsaient en même temps la violence derrière des étuis confortables et des anachronismes foisonnants : appartements bourgeois ensevelis sous les pièces de collection, les tentures et le velours ; passages couverts dégoulinants de marbre et de colonnades ; bâtiments d'exposition des produits de l'industrie déguisés en palais des mille et une nuits ; boulevards impériaux avec leurs défilés de statues triomphales et d'églises grandiloquentes...
Pour appréhender ces objets, Benjamin élabore, dans la perspective critique d'une théorie sociale, le concept de fantasmagorie – la fantasmagorie comme cristallisation de rêves collectifs. Et il esquisse parallèlement un modèle inédit de chercheur, le chiffonnier. Car celui-ci est peut-être le seul à même de fracturer le sédiment fantasmagorique, et de collecter les rebuts de la vie onirique qui s'en échappent.

Les promesses du langage. Benjamin, Heidegger, Rosenzweig
Marc Crépon

La langue dans laquelle ils écrivent n'est-elle pour les philosophes que l'instrument indispensable, mais indifférent, de la communication de leurs pensées ? Ce pourrait être le cas, s'ils n'étaient exposés, à chaque pas, au caractère particulier de cette langue, et s'ils ne devaient inventer des statégies diverses pour l'affronter, comme, par exemple, leur enracinement avéré et déclaré dans une culture, voire dans un sol déterminé, devenu patrie de la philosophie – mais tout aussi bien le parti-pris de la traduction, de la « désappropriation » de la langue, et même de la culture, dans ce qu'elles ont de « national ». Or quelles que soient ces stratégies opposées, elles investissent toutes le rapport à la langue, aux langues ou au langage d'une promesse eschatologique. C'est de la langue que vient le malheur, mais c'est aussi un autre rapport au langage qui est source de salut, ou de rédemption, voire de révolution. C'est donc une « autre » philosophie du langage, qui se découvre à travers les œuvres de Nieztsche, Kraus, Benjamin, Rosenzweig, Heidegger ou Derrida, une philosophie qui n'est exempte de considérations théologiques et politiques. Qu'attend-on des langues ? Au fil conducteur de la promesse, c'est à cette question que les études qui composent le présent volume entendent reconduire.

PROBLEMES & CONTROVERSES

Marc Crépon
**Les promesses
du langage**
Benjamin, Rosenzweig,
Heidegger

LIBRAIRIE PHILOSOPHIQUE J. VRIN

Vrin - Problèmes et controverses
240 pages - 13,5 x 21,5 cm
ISBN 978-2-7116-1520-9 - oct. 2001

Cahiers Philosophiques

BULLETIN D'ABONNEMENT

Par courrier : complétez et retournez le bulletin d'abonnement ci-dessous à :
Librairie Philosophique J. Vrin - 6 place de la Sorbonne, 75005 Paris, France
Par mail : scannez et retournez le bulletin d'abonnement ci-dessous à : fmendes@vrin.fr
Pour commander au numéro : www.vrin.fr ou contact@vrin.fr

RÈGLEMENT

☐ France
☐ Étranger

☐ Par chèque bancaire :
à joindre à la commande à l'ordre de
Librairie Philosophique J. Vrin

☐ Par virement sur le compte :
BIC : PSSTFRPPPAR
IBAN : FR28 2004 1000 0100 1963 0T02 028

☐ Par carte visa :

_ _ _ _ _ _ _ _ _ _ _ _ _ _ _ _

expire le : _ _ / _ _
CVC (3 chiffres au verso) : _ _ _

Date :
Signature :

ADRESSE DE LIVRAISON

Nom
Prénom
Institution
Adresse

Ville
Code postal
Pays
Email

ADRESSE DE FACTURATION

Nom
Prénom
Institution
Adresse
Code postal
Pays

ABONNEMENT - 4 numéros par an

Titre	Tarif France	Tarif étranger	Quantité	Total
Abonnement 1 an - Particulier	42,00 €	60,00 €		
Abonnement 1 an - Institution	48,00 €	70,00 €		
			TOTAL À PAYER :	

Tarifs valables jusqu'au 31/12/2018

* Les tarifs ne comprennent pas les droits de douane, les taxes et redevance éventuelles, qui sont à la charge du destinataire à réception de son colis.

Derniers dossiers parus

Varia
Numéro 134 – 3e trim. 2013

Mesurer
Numéro 135 – 4e trim. 2013

Le care : éthique et politique
Numéro 136 – 1er trim. 2014

L'Europe en question
Numéro 137 – 2e trim. 2014

Franz Fanon
Numéro 138 – 3e trim. 2014

Kant et Kleist
Numéro 139 – 4e trim. 2014

Diderot polygraphe
Numéro 140 – 1er trim. 2015

La révolution informatique
Numéro 141 – 2e trim. 2015

Approche sociale de la croyance
Numéro 142 – 3e trim. 2015

Siegfried Kracauer
Numéro 143 – 4e trim. 2015

Arthur Danto
Numéro 144 – 1er trim. 2016

Talmud et philosophie
Numéro 145 – 2e trim. 2016

Varia
Numéro 146 – 3e trim. 2016

Le travail du juge
Numéro 147 – 4e trim. 2016

John Stuart Mill
Numéro 148 – 1er trim. 2017

La mémoire
Numéro 149 – 2e trim. 2017

C. S. Peirce
Numéro 150 – 3e trim. 2017

Aperçus de la pensée stoïcienne
Numéro 151 – 4e trim. 2017

Le végétal, savoirs et pratiques (1)
Numéro 152 – 1er trim. 2018

Le végétal, savoirs et pratiques (2)
Numéro 153 – 2e trim. 2018

T. W. Adorno
Numéro 154 – 3e trim. 2018

Pensée statistique, pensée probabiliste
Numéro 155 – 4e trim. 2018

Achevé d'imprimer le 7 juin 2019 par *La Manufacture - Imprimeur* – 52200 Langres
Imprimé en France – N° d'imprimeur : 190651 – Dépôt légal : mars 2019